Ron Martinez

Livro de Atividades

Como dizer tudo em inglês

Ron Martinez

Livro de Atividades

Como dizer tudo em inglês

O Livro de exercícios para você treinar conversação

ALTA BOOKS
EDITORA
Rio de Janeiro, 2018

Como dizer tudo em inglês - Livro de Atividades: O livro de exercícios para você treinar conversação
Copyright © 2018 da Starlin Alta Editora e Consultoria Eireli. ISBN: 978-85-508-0306-7

Impresso no Brasil.

Obra disponível para venda corporativa e/ou personalizada. Para mais informações, fale com projetos@altabooks.com.br

---

Editoração Eletrônica
Estúdio Castellani

Revisão Gráfica
Marina Pombo de Oliveira

Produção Editorial
LTC Livros Tec. Cientif. Editora Ltda – CNPJ: 33.829.698/0007-05

CIP-Brasil. Catalogação na fonte
Sindicato Nacional dos Editores de Livros, RJ

M337c Martinez, Ron
Como dizer tudo em inglês: livro de atividades: o livro de exercícios para você treinar conversação / Ron Martinez. - Rio de Janeiro: Alta Books, 2018.
il.; 21 cm.

Apêndice
ISBN: 978-85-508-0306-7

1. Língua inglesa - Estudo e ensino. I Título.

15-19977 CDD: 428.24
CDU: 811.111'243

ALTA BOOKS EDITORA
Rua Viúva Cláudio, 291 — Bairro Industrial do Jacaré
CEP: 20970-031 — Rio de Janeiro - RJ
Tels.: (21) 3278-8069 / 3278-8419
www.altabooks.com.br — altabooks@altabooks.com.br
www.facebook.com/altabooks

Agradecimentos

Primeiro, gostaria de agradecer a Clarissa Oliveira por ser uma incansável fonte de ideias, apoio e, sobretudo, paciência com um autor exigente (para não dizer chato). Tiro o meu chapéu aos fantásticos "professatores" Chris Robb, Alexis Geller e, especialmente, Tatiana Severo, uma profissional talentosíssima que também fez um excelente trabalho colaborando com a coordenação da produção dos áudios. Por falar nos áudios, um agradecimento especial ao estúdio Onomatopéia em Recife, principalmente ao *sound wizard* Geraldo Vieira, o melhor profissional que conheço na área de engenharia de som. Agradeço à escola Britanic, em especial a Viviane Remigio, por terem colaborado com a pilotagem do material neste livro. Como sempre, fico eternamente grato pelo apoio e carinho dos meus colegas da área de ensino de idiomas: são tantos que listá-los todos daria mais um livro. Pessoas como Andy Hague da Handy Books, Renato Guazzelli da DISAL, Sara Walker, Albina Escobar da Longman, John Waterman e Maria Luiza Santos da Macmillan, Michael Jacobs (também autor), Stuart Tipping, José Roberto e Érika Seifert da Thomson, Robson Moura da Casa Thomas Jefferson, Jorge Sette da McGraw-Hill, Ricardo Redisch, Maria Flávia de F. Pereira Bollela da Universidade de Franca, John Corbett da Universidade de Glasgow, Jeff Mohamed, ex-diretor da International House em Londres, e tantos outros amigos. Todos, através de sua competência e amizade, me ajudaram a ter coragem e confiança para nunca desistir nessa vida de autor, e na vida como um todo. Não posso deixar de mandar um forte abraço para amigos e parentes em Recife como Márcio, Laura, Margareth, Elizabeth, Paulo, Thaís, Ricardo ("Richard"), Júlia, Selim, Luana, Alexandre, Patrícia, Felipe, Guta, Alice, Letícia, Carol, Severo, Luzia, Carla e o restante. Meus lançamentos não seriam iguais (de fato, estariam vazios!) sem vocês. Finalmente, uma menção especial ao meu pai que, por não falar português, não vai entender nada disso, mas da mesma maneira merece ao menos saber que eu não esqueci de declarar publicamente ao Brasil inteiro que eu o amo e que tenho certeza de que as coisas vão melhorar.

Hang in there, Dad!

Material Suplementar

Este livro conta com o seguinte material suplementar:

- Áudios

O acesso ao material suplementar é gratuito, bastando que o leitor procure pelo título do livro em: http://www.altabooks.com.br.

Sumário

Introdução

Um recurso que já era bom ficou ainda melhor

O livro original *Como dizer tudo em inglês* é um livro de consulta para o aluno se preparar para diversas situações, como um dicionário da linguagem de conversação em inglês. Baseado nesse livro, o livro de exercícios vai além, ajuda o aluno a treinar mais profundamente as expressões contidas no livro, levando-o a reconhecer as expressões quando usadas por nativos da língua, e ensinando-o a usá-las naturalmente em conversações.

O que é diferente

Este livro, diferente do livro original, é um curso. O livro original é bom para consultar e tirar dúvidas. O livro de exercícios tem menos situações (este livro tem 50, enquanto o livro de consulta tem quase 300), mas realmente as trabalha, dando ao aluno exercícios para absorver as expressões, decorá-las e saber como e quando usá-las no dia a dia.

A proposta do livro

Já existem, há muitos anos, livros no mercado com exercícios para treinar a gramática inglesa. Ou seja, se uma pessoa queria praticar o verbo *to be* em todas suas manifestações, o aluno tinha várias opções. Porém, se o aluno queria um livro de exercícios para poder dar um telefonema ou contar uma piada em inglês, realmente não tinha ao que recorrer. Este livro, então, preenche essa lacuna que há muito tempo existe nos livros de exercícios de língua inglesa. Ele é o primeiro livro de exercícios especificamente voltado para brasileiros que treinam a conversação.

O mito da linguagem conversacional

Por que é que não existe um livro de exercícios para treinar a conversação? Melhor é perguntar: Por que só existem livros de exercícios para treinar a gramática? O motivo é simples: tradição e simplicidade.

Tradicionalmente, a prioridade mais alta nos cursos de idiomas sempre foi a gramática. Pensava-se que, através da perfeição da gramática, o aluno ganhava fluência. Nada poderia estar mais errado. Pois o que realmente proporciona fluência – ou seja, a capacidade de uma pessoa expressar-se –, é a área léxica, que inclui vocabulário e expressões. Sem isso, o aluno é fadado a ficar no "*to be*" mesmo.

Outro elemento que sempre manteve a gramática em primeiro lugar nos cursos é a sua simplicidade. Ou seja, a gramática proporciona, com certa facilidade e transparência, um sistema em torno do qual a estrutura do livro de exercícios poderia ser construída. A gramática tem aparentes etapas e fórmulas, como a matemática, fornecendo ao autor de um livro de exercícios uma base superficialmente mais concreta sobre a qual montar o curso. Pensava-se, então, (e ainda se pensa assim em muitos casos até hoje) que a área léxica (vocabulário e expressões) era um caos, um mar de confusões no qual seria perigoso mergulhar. A área léxica, acreditava-se, carece de um sistema como o da gramática e, portanto, é inviável tentar formular um curso baseado nela.

Este livro, enfim, prova o contrário.

Para quem é destinado este livro

Como o que sempre faltou (e ainda falta) nos cursos de inglês é a área de expressões e vocabulário, este livro vai ajudar qualquer aluno – seja ele apenas iniciante ou já avançado.

O aluno iniciante não tem de se preocupar com a falta de compreensão no livro. Cada seção de expressões tem uma tradução. Todos os exercícios vêm com respostas, e mesmo os *listenings* (gravações de áudio) estão transcritos para o aluno, caso queira tirar qualquer dúvida. Ao mesmo tempo, não é um livro fácil demais. Apesar de todas as expressões terem uma tradução, para poder realizar os exercícios no livro o aluno vai precisar realmente pensar e refletir. Essa reflexão e pensamento é o envolvimento cognitivo necessário para que a aprendizagem seja duradoura e eficaz.

Já o aluno mais avançado vai encontrar linguagem que talvez já encontrou em outros cursos, mas nunca de uma forma tão sistemática e completa. Sem dúvida, o aluno avançado já aprendeu em algum ponto como se apresentar em inglês, e a se despedir ou até pedir comida num restaurante. Mas como quase todos os cursos dão prioridade à gramática e não a treinar a conversação, o aluno aprendeu a se apresentar mas nunca aprendeu a terminar uma conversa. Aprendeu a se despedir em pessoa, mas nunca no telefone. Foi-lhe ensinado a pedir comida a um garçom, mas não a conversar com a pessoa que está na sua frente!

Uso independente ou em sala de aula

Este livro pode ser usado por um aluno que estuda sozinho, ou por vários alunos em sala de aula. A única diferença é que o aluno que está estudando sozinho não vai poder aproveitar as atividades chamadas "*Conversation Practice*", porque requerem a participação de dois ou mais interlocutores. Mas se esse mesmo aluno tiver um amigo ou companheiro que também queira estudar com ele, os dois (ou três ou quatro...) podem aproveitar essas atividades.

A estrutura de cada lição

Cada lição pode durar entre uma hora e uma hora e meia, dependendo do nível do aluno. As lições começam com uma introdução ao tema, seguido da lista de expressões a praticar na seção. Existem três tipos de exercícios: escritos, falados e auditivos. O objetivo dos exercícios escritos é tentar entender e absorver o uso das expressões sem a exigência de ter de falá-las. Quando o aluno já fez alguns exercícios escritos, ele tem a oportunidade de ouvi-las ou usá-las oralmente – sempre em algum contexto que reflete o uso mais comum delas.

Cada unidade termina com uma atividade para finalizar a lição. Esta seção, chamada "*Conversation Practice*" sugere uma atividade a ser realizada com duas ou mais pessoas, e difere das outras seções no sentido de que dá mais liberdade ao aluno de usar as expressões naturalmente.

Sobre os diferentes tipos de exercício

Cada lição pode ter vários tipos de exercícios:

LISTEN AND REPEAT Aqui o aluno ouve e repete as expressões-alvo da lição pela primeira vez, para começar a se acostumar com o som e a pronúncia delas.

ORGANIZE Este tipo de exercício dá ao aluno a oportunidade de pensar mais sobre as expressões, organizando-as para entendê-las melhor.

EXERCISE Sempre há um exercício escrito e não falado para o aluno poder manipular ainda mais as expressões antes de usá-las.

LISTENING Aqui o aluno escuta as expressões da lição usadas num contexto de conversação e completa os exercícios baseados no que ouve.

LISTENING AND SPEAKING Diferente do *Listening*, o *Listening and Speaking* é uma fase intermediária entre escrever/ouvir as expressões e o uso oral delas. Aqui o aluno escuta, mas em vez de somente escutar, ele também responde oralmente.

PERSONALIZE Uma coisa sumamente importante para que um aluno realmente aprenda, é que não somente tente decorar as frases apresentadas no livro, mas que também aplique-as à vida real. Ele tem a oportunidade de fazer isso nesta atividade.

CONVERSATION PRACTICE Sempre a última etapa da lição, aqui o aluno se junta com outras pessoas para treinar as expressões com um interlocutor.

Os tipos de exercícios podem variar um pouco, mas os listados acima formam a maioria.

Os áudios

Os áudios do livro foram criados por especialistas na área de ensino de idiomas usando falantes nativos. Tem quatro atores nos áudios: um americano da costa oeste dos Estados Unidos, uma americana da costa leste dos Estados Unidos, um britânico de Londres e uma brasileira que lê as instruções em português. Todos os atores são profissionais que também têm muita experiência na área de ensino de línguas. O resultado é que o aluno ouve nos áudios sotaques que são claros e fáceis de entender, sem serem artificiais.

O material de áudio tem mais de 2 horas e meia de tempo de gravação, tempo que equivale à parte auditiva de um semestre de curso numa escola.

Como ler as expressões

Muitas das expressões no livro têm uma parte fixa e outra parte que pode variar. Um exemplo de uma expressão fixa seria:

Quanto tempo!	Long time no see!

Essa expressão não varia – é fixa e sempre aparece desta forma. Mudá-la seria mudar o significado da expressão ou torná-la incorreta. Mas existem também expressões que não são totalmente fixas:

Você gosta de [música brasileira]?	Do you like [Brazilian music]?

No exemplo anterior, a frase consiste em uma parte fixa (*Do you like...*) e a parte que pode variar, que no livro está lá apenas como um exemplo. A parte fixa é mais útil e importante por ser generalizável (*Do you like chocolate?*, *Do you like jazz?*, *Do you like pizza?*, *Do you like Recife?* etc.), mas a parte variável (no livro sempre entre colchetes – [.....]) é também importante para o aluno saber que tipo de linguagem pode entrar nesse contexto.

Outro tipo de parte variável é quando uma expressão tem uma palavra ou frase que pode ser excluída ou que é opcional:

Prazer (também).	Nice to meet you (too).

Neste exemplo, observamos que se pode dizer *Nice to meet you* sem dizer *too*. Nesses casos de palavras ou frases que são opcionais, a parte opcional é sempre colocada entre parênteses – (.....).

Muitas frases têm uma parte variável e outra que é opcional:

Eu sou [da Bahia] (originalmente).	I'm (originally) from [Bahia].

Esta frase consiste em um componente fixo (*I'm from...*), uma parte variável (mostrada através da palavra *Bahia*) e a parte opcional que fica entre parênteses, *originally*. Ou seja, está certo dizer *I'm from San Francisco, I'm from France, I'm from Canada, I'm from Buenos Aires*, por exemplo, e também poderia dizer *I'm originally from San Francisco, I'm originally from France, I'm originally from Canada, I'm originally from Buenos Aires* – mas a palavra *originally* não é necessária à frase.

Às vezes, quando há duas possibilidades comuns, as alternativas são mostradas da seguinte forma:

Eu sou de uma família grande/pequena.	I come from a big/small family.

Finalmente, quando há uma versão em inglês americano que é diferente da versão britânica, a distinção é mostrada com as anotações *AmE* ("American English") e *BrE* ("British English"), como mostrado no exemplo a seguir:

Estou doente.	I'm sick. ^{AmE}/ I'm ill. ^{BrE}

Como tirar o melhor aproveitamento do livro

Seguem algumas dicas de como usar este livro para torná-lo ainda mais eficaz para você:

1. **Comece pelas seções que mais lhe interessarem.** Ou seja, se você não tem o mínimo interesse em saber como falar sobre cinema, pule essa parte. A ordem dos temas do livro não precisa ser respeitada. Você terá muito mais chances de lembrar como usar expressões que você realmente quer aprender do que outras que você acha que talvez nunca vá usar.
2. **Não tente fazer tudo num dia só!** Estudos científicos comprovam que as pessoas lembram melhor aquilo que aprenderam quando têm pelo menos um dia de descanso, e quando se aprende em doses "mastigáveis". Não adianta tentar fazer o livro todo numa sessão da tarde. Você pode até conseguir, mas não vai se lembrar de nada na manhã seguinte.
3. **Uma vez só não basta.** Você já reparou como todo mundo no Brasil que já aprendeu inglês, invariavelmente e independentemente de nível, sabe dizer seu nome (*My name is...*) e de onde é (*I'm from Brazil*) sem problemas? Quem não sabe dizer "*the book is on the table*", não é verdade? Por que será? A razão é simples: repetição. As pessoas já ouviram e até falaram essas frases tantas vezes que jamais se esquecerão delas. O mesmo princípio se aplica a este livro. Aqui você vai ter

a oportunidade de fazer o que não pode fazer durante uma lição na sala de aula. Aqui você pode voltar e repetir a lição quantas vezes quiser. E quanto mais você revisar o que já aprendeu (ou acha que já aprendeu!), mais chances terá de ter sempre as expressões na ponta da língua.

4. **Não sinta vergonha.** Nas seções onde você tem a chance de falar em voz alta, não tenha medo de fazê-lo. É a única forma de treinar a pronúncia correta das frases, que é uma coisa fundamental. Da mesma forma que o seu cérebro vai decorar a forma escrita das frases, a musculatura do seu aparelho vocal vai decorar, através de várias repetições, a forma falada delas.
5. **Não olhe.** É recomendável a todos os alunos, mas principalmente aos mais avançados, que tentem não criar uma dependência na parte em português do livro. Você tem que pensar que essa parte está lá apenas para uma primeira consulta ou para tirar alguma dúvida. O ideal é usá-la cada vez menos. Então, quando você ouvir e repetir as frases no começo da lição, por exemplo, tente fazê-lo da seguinte forma: leia as frases primeiro sem escutar o material de áudio, depois escute e repita olhando a página e, finalmente, escute e repita as frases com o livro fechado. Este procedimento vai ajudá-lo a criar uma autonomia do livro. Depois, no final da lição quando você já tiver trabalhado mais as expressões (e, portanto, tornado-as mais significativas para seu cérebro), escute e repita-as uma última vez com o livro fechado de novo. Pode até fechar os olhos ao fazer isso, imaginando você usando as expressões na vida real. Para fixá-las ainda mais na sua memória, faça a mesma coisa no dia seguinte, ou até alguns dias depois.

   Esse conselho também vale para as transcrições das gravações dos áudios. Procure sempre ouvi-los primeiro sem olhar a transcrição. Lembre que não precisa entender absolutamente tudo! O mais importante é que você consiga entender a mensagem principal e, quando relevante, responder a ela. A seção das transcrições está lá, como as traduções das expressões, como um apoio. Se realmente quiser saber cada palavra que os atores falaram, pode olhar. Mas depois, sempre escute a gravação novamente sem olhar.
6. **Confie nos nativos.** A ortografia em inglês frequentemente tem pouca correspondência ao sistema fonológico. Por exemplo, a palavra *ache* ("dor") se escreve a-c-h-e, mas se pronuncia "eik". É importante, portanto, que você confie mais no seu ouvido na hora de tentar pronunciar as expressões corretamente. Pode confiar plenamente que os atores nativos nas gravações estão falando corretamente! Se o que eles disserem parecer estranho ou muito diferente da forma escrita da frase, é porque a pronúncia é essa mesma e é assim mesmo que se fala. Então, imite-os!
7. **Envolva amigos.** Se você não estiver usando este livro na escola, tente convidar um amigo para treinar com você. Isso ajudará na hora de pôr as expressões na prática, e pode tornar a aprendizagem ainda mais divertida.
8. **Não seja preguiçoso.** No livro há muitos exercícios com espaço para escrever as respostas. Procure não "cortar o caminho" nesse tipo de exercício, simplesmente numerando ou fazendo tudo só na cabeça. O ato de escrever a expressão tem um valor pedagógico, sendo que quando o aluno copia a expressão tem de prestar atenção à forma dela, reforçando o mecanismo de memorização da mesma.

Talvez a dica mais valiosa que poderia ser dada é: divirta-se. Uma grande ajuda para atingir fluência no idioma é gostar de aprender. Espera-se que este livro ajude você a fazer isso.

LESSON 1

Saudações e apresentações
Greetings and introductions

Esta seção treina a habilidade de cumprimentar uma pessoa pela primeira vez. Também pratica como apresentar alguém.

LISTEN AND REPEAT Escute e repita as seguintes frases em inglês. *(Faixa 1)*

Tudo bem? / Tudo bom?	How are you? / How are you doing?[1]
Qual é o seu nome?	What's your name?
Prazer (também).	Nice to meet you (too).
Você conhece o João?	Do you know João?
Você deve ser a Silvia.	You must be Silvia.
Eu quero lhe apresentar ao...	I'd like you to meet...
Já ouvi falar muito de você.	I've heard a lot about you.
Coisas boas, eu espero.	All good, I hope.
Nossa! Finalmente vou conhecer você!	At last! We meet!
Gostei de conhecê-lo.	(It was) Nice meeting you.
Até (mais).	See you (later).

[1] *How are you doing?* é menos formal que *How are you?*

ORGANIZE Organize as expressões, colocando-as dentro das seções a seguir.

Greetings[1]	Asking a person's name[2]	Introducing someone[3]	Saying goodbye[4]

[1] *Saudações* [2] *Perguntando por nome* [3] *Apresentando a uma pessoa* [4] *Despedidas*

EXERCISE 1 Dialogue

Um colega britânico lhe cumprimenta. Ele está com uma mulher que você não conhece. Preencha com uma expressão apropriada.

Hi, João.	1. ....
I'd like you to meet my friend Caroline.	2. ....
Nice to meet you, too. Sorry... What's your name?	3. ....

CUIDADO A expressão "Nice to meet you" somente se fala no primeiro encontro. Quando a pessoa se reencontra com alguém, se fala "Nice to see you".

EXERCISE 2 Matching
Escreva uma das expressões a seguir embaixo dos desenhos. (Uma expressão está sobrando.)

"See you." "Nice to meet you." "All good I hope." "I'd like you to meet Chris."

1. ....

2. ....

3. ....

LISTENING Meeting or saying goodbye?
(*Faixa 2*)
Indique se as pessoas que vai ouvir estão se encontrando ("meeting") ou se despedindo ("saying goodbye").

1.	MEETING	SAYING GOODBYE
2.	MEETING	SAYING GOODBYE
3.	MEETING	SAYING GOODBYE
4.	MEETING	SAYING GOODBYE
5.	MEETING	SAYING GOODBYE

ACTIVITY 1 Conversation practice
Encene com um amigo ou colega a seguinte situação:
Você está se encontrando com um colega estrangeiro pela primeira vez. Cumprimente-o usando algumas das expressões desta lição. Quando terminarem, troquem de papéis.

ACTIVITY 2 Conversation Practice
Encene com dois amigos ou colegas a seguinte situação:
Você está num coquetel de um congresso profissional, conversando com uma pessoa. De repente vem uma pessoa que você conhece, mas que a pessoa com que você estava conversando não conhecia. Apresente esta nova pessoa. Quando terminarem, troquem de papéis.

Para mais expressões desse tipo, consulte o livro Como dizer tudo em inglês.

LESSON

2

Reencontrando
Meeting again after some time

Nesta seção você vai aprender a falar em situações nas quais você se reencontra com uma pessoa com quem tem certa intimidade, especialmente quando faz algum tempo que você não vê essa pessoa. Pela natureza da situação, a maioria das expressões faz referência ao tempo que passou desde o último encontro até o presente. Quando se fala neste tipo de tempo passado (o passado até o presente), normalmente usa-se a forma gramatical *present perfect* (perfeito do presente). (Portanto, o correto é *"It's **been** so long"* e não *"It's so long"*.)

LISTEN AND REPEAT
Escute e repita as seguintes frases em inglês. *(Faixa 3)*

Nossa! Quanto tempo!	Hey! Long time no see!
Nossa! Faz quanto tempo!	It's been so long![1]
Quanto tempo faz, hein?	How long has it been?
Tudo isso?	Has it been that long?
Nossa! O tempo voa!	How time flies!
Você está ótimo!	You look great!
Nossa! Você emagraceu?	Wow! Have you lost weight?
Soube que você [se casou].	I hear you [got married].
Você não mudou nada.	You haven't changed a bit.
Você está sempre bem.	You always look good.
Então, o que você anda fazendo?	So, what have you been doing?
Como vão as coisas?	How's everything?
O que você está fazendo agora?	So, what are you doing now?
Você ainda está trabalhando na [ITT]?	Are you still working at [ITT]?
Você está no mesmo telefone?	Are you still at the same number?
Você ainda mora em...?	Are you still living in....
Como está o [Ricardo]?	How's [Ricardo]?
E as crianças? Como vão?	How are the kids?

[1] *Cuidado para não dizer "so long time".*

NOTICE

Note como é útil a palavra *"How"* nesta situação em inglês.

How

- time flies!
- is everything?
- is the family?
- are the hids?
- are you?
- long has it been?

ORGANIZE

Organize as expressões, colocando-as dentro das seções a seguir.

Talking about the time that has passed[1]	Talking about the person's appearance[2]	Talking about the person's life now[3]	Confirming information/ asking for updates[4]

[1] *Falando do tempo que passou*
[2] *Falando na aparência da pessoa*
[3] *Perguntando da vida atual*
[4] *Confirmando informações / Pedindo informações atualizadas*

EXERCISE 1

O que foi dito antes? Escreva uma expressão em cada linha.

1. ____________________ About five years.
2. ____________________ About two kilos.
3. ____________________ Fine, thanks.
4. ____________________ No, it's now 555-1234.
5. ____________________ They're fine.

LISTENING AND SPEAKING

Escute e circule as respostas mais adequadas. (*Faixa 4*)

1. a. Two years. b. Fine, thank you.
2. a. Thank you. b. Nice to meet you, too.
3. a. No, now I work for ITT. b. Long time no see!
4. a. Sometimes[1]. b. She's fine.
5. a. How are the kids? b. Yes. 555-1234.

Agora escute de novo e, ao ouvir o sinal, fale as respostas que você escolheu. (*Faixa 5*)

ACTIVITY

Conversation Practice

Com um colega ou amigo, faça uma encenação de duas pessoas que não se veem há muito tempo.

[1] *às vezes*

LESSON 3

Perguntas pessoais
Personal questions

Nesta lição você vai treinar como fazer perguntas pessoais, como estado civil da pessoa, gostos e preferências, e outros dados pessoais. É importante lembrar aqui que em algumas culturas, como a americana e britânica, não é muito comum perguntar sobre assuntos considerados íntimos como se a pessoa é casada ou se tem filhos, sem ter um certo grau de intimidade com ela.

LISTEN AND REPEAT Escute e repita as seguintes frases em inglês.
(Faixa 6)

Você é de onde?	Where are you from?
O que você faz?	What do you do?
Você tem namorada/o?	Do you have a girlfriend/boyfriend?
Você é casado/a?	Are you married?
Você tem filhos?	Do you have children?
Quantos anos você tem?	How old are you?
Qual é o seu signo?	What's your sign?
Você gosta de [música brasileira]?	Do you like [Brazilian music]?
Onde você mora?	Where do you live?
Você mora sozinho/a?	Do you live alone?
Qual é o seu [filme] favorito?	What's your favorite [movie]?
Quem é o seu [escritor] favorito?	Who's your favorite [writer]?

EXERCISE 1 O que foi dito antes? Escreva uma expressão em cada linha.

1. ____________________________ Twenty-eight.
2. ____________________________ Divorced.
3. ____________________________ Yes, I love jazz music.
4. ____________________________ I'm an architect.
5. ____________________________ Sagittarius.

EXERCISE 2

Abaixo há respostas possíveis à pergunta *Do you like jazz?* Combine as expressões com um símbolo segundo seu grau de sentimento positivo ou negativo. O primeiro já foi feito para você como exemplo.

"Do you like jazz?"

	I love it.	
	Kind of.	
	Not really.	
	A little.	
	Yes, a lot.	
	I hate it.	

What's your personal answer to the above question?[1]

[1] *Qual é a sua resposta para a pergunta acima?* ("Do you like jazz?")

My answer: ________________________________.

LISTENING AND SPEAKING

(*Faixa* 7)

Escute e circule as respostas mais adequadas.

1. a. Brazil. b. A little.
2. a. I'm a teacher.[2] b. I'm eating lunch.[3]
3. a. I'm thirty years old. b. No, I'm single.[4]
4. a. On Rua Amêlia. b. Yes, I do.
5. a. Sometimes. b. One son.[5]

[2] *Eu sou professor* [3] *Estou almoçando* [4] *Não, sou solteiro* [5] *Um filho.*

Agora escute de novo e fale as respostas corretas depois das perguntas.

CUIDADO *What do you do?* só tem como resposta o que é que a pessoa faz da vida. Para perguntar "o que você está fazendo?", a pergunta é *"What are you doing?"*

LISTEN AND RESPOND

(*Faixa 8*)

Agora é a sua chance de ouvir e responder como em uma conversação real.

ACTIVITY Conversation Practice

Agora prepare algumas perguntas para fazer a seu colega e faça-as.

Para saber como fazer uma pergunta pessoal com mais delicadeza, consulte Como dizer tudo em inglês *página 39.*

LESSON 4

A biografia – A maturidade
Biography – Adulthood

Nesta lição você vai aprender a falar de si mesmo, especificamente da sua vida adulta.

LISTEN AND REPEAT Escute e repita as seguintes frases em inglês. *(Faixa 9)*

Tenho [34] anos.	I'm [34] years old.[1]
Sou (professor).	I'm a [teacher].[2]
Estou estudando para ser [arquiteto].	I'm studying to be a(n) [architect].
Estou aposentado.	I'm retired.
Moro em [São Paulo].	I live in [São Paulo].
Eu sou [da Bahia] (originalmente).	I'm (originally) from [Bahia].
Eu sou de uma família grande/pequena.	I come from a big/small family.
(Acho que) puxei meu pai/minha mãe.	(I think) I take after my father/mother.
Conheci meu marido/minha esposa enquanto eu estava em Nova York.	I met my husband/wife while I was in New York.
Sou casado/noivo/solteiro/ separado/divorciado.	I'm married/engaged/single/separated/divorced.
A/O minha/meu [esposa/marido] faleceu faz [2] anos.	My [wife/husband] passed away [2] years ago.
Sou [casado] faz [4] anos.	I've been [married] for [four] years.
Eu não tenho filhos (ainda).	I have no children (yet).
Tenho um filho/uma filha de [2] anos.	I have a [2] year-old son/daughter.
Tenho [2] filhos.	I have [2] children.
Nunca me casei.	I never married.
Nunca fui casado.	I've never been married.
Não achei a pessoa certa ainda.	I just haven't found the right person yet.
Já tive [mil] oportunidades.	I've had [thousands of] opportunities.
Já fui casado [duas vezes].	I've been married [twice].
Consegui meu primeiro emprego aos [21] anos de idade.	I got my first job when I was [21] years old.
Trabalhei como [secretária] na [ABC Ltda].	I was [a secretary] at [ABC Ltda.].

[1] Nunca diga "I have 34 years"

[2] Sempre coloque o artigo indefindo em frente do nome da profissão: *I'm a teacher* e não "I'm teacher"

ACTIVITY 1 Personalize

Personalize as expressões, inserindo nos espaços abaixo a suas informações pessoais.

My name is __________.

I'm ______ years old.

I live in _______ .

I'm originally from _______.

I'm studying to be a(n) __________.

I'm a ___________.

I come from a ______ family.

I'm __________ (*estado civil*)

LISTENING Who's talking?
(*Faixa 10*)

Escute as pessoas falando e marque os perfis descritos.

	A.	B.
1.	 **Biographic info** – comes from a big family – has 2 children	 **Biographic info** – comes from a small family – has 3 children
2.	 **Biographic info** – studying to be a mechanical engineer – originally from Argentina	 **Biographic info** – is a mechanical engineer – lives in Argentina
3.	 **Biographic info** – has been married twice – is a fashion designer	 **Biographic info** – has never been married – is a graphic designer

ACTIVITY 2 Conversation Practice

Fale sobre a sua vida adulta e encontre coisas em comum com outra pessoa.

LESSON 5

A biografia – Os anos formativos
Biography – The formative years

Nesta lição você vai aprender a falar sobre si mesmo, especialmente da sua juventude e os anos que levaram você a ser a pessoa que é.

LISTEN AND REPEAT Escute e repita as seguintes frases em inglês.
(Faixa 11)

Eu nasci em [1967].	I was born in [1967].
Eu nasci em [Belo Horizonte].	I was born in [Belo Horizonte].
Eu cresci em [Porto Alegre].	I grew up in [Porto Alegre].
Passei a maior parte da infância em [Recife].	I spent most of my childhood in...
Quando eu tinha [12] nós nos mudamos para [Natal]	When I was [12] we moved to [Natal]
Era/Fui mimado.	I was spoiled.
Cresci num bairro (relativamente) nobre/simples.	I grew up in a (relatively) wealthy/poor neighborhood.
Fui criado numa família (muito) [católica].	I was raised in a (very) [Catholic] family.
Não foi muito fácil.	We never had it easy.
Tínhamos que batalhar muito.	We always had to struggle.
Tivemos uma vida dura.	Life was hard for us.
Éramos bem de vida.	We were pretty well off.
Fui bom aluno.	I was a good student.
Não ia muito bem na escola.	I didn't do very well in school.
Depois da escola eu costumava [nadar]	After school I used to [go swimming]
Só me metia em encrenca.	I was always getting into trouble.
Fui um bom [menino/menina.]	I was a good [boy/girl].
Fui criado (mais) pela minha mãe/pai.	I was raised (mostly) by my mother/father.
Acho que puxei meu [pai].	I think I took after my [father].
Eu fiz faculdade na USP.	I studied at the University of São Paulo.
Me formei em [Economia].	I majored in [economics]. / I graduated in [economics].

EXERCISE True or False?

Se as declarações a seguir são aplicáveis a você e a sua realidade, marque-as. Se não, deixe-as em branco ou altere-as para que a informação seja verídica.

- ☐ I was born in the 1970s.
- ☐ I was born in Brazil.
- ☐ I grew up in a big city.
- ☐ I was spoiled.
- ☐ I grew up in a relatively wealthy neighborhood.
- ☐ I was raised in a very religious family.
- ☐ We always had to struggle.
- ☐ I didn't do very well in school.
- ☐ After school I used to play soccer.
- ☐ I was always getting into trouble.
- ☐ I was raised mostly by my mother.
- ☐ I think I took after my father.

LISTENING John's life

Escute John falando de sua vida e escreva as respostas às perguntas.
(Faixa 12)

1. Onde foi que John cresceu? ....
2. Ele cresceu num bairro pobre? ....
3. Passou a vida toda lá? ....
4. Onde fez faculdade? ....
5. Formou-se em que? ....

ATIVIDADE Conversation Practice

Compare a sua biografia com a de outra pessoa. Siga o exemplo:

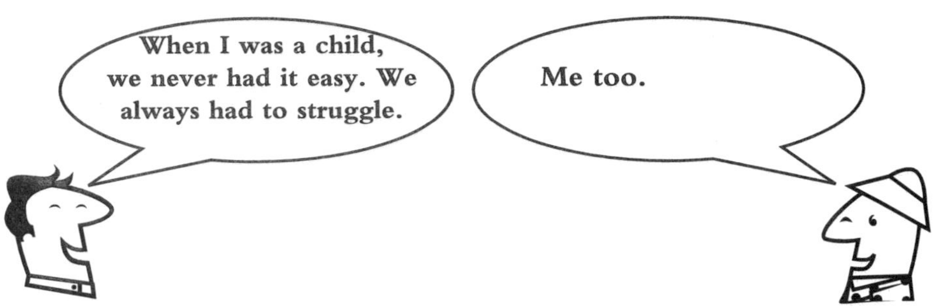

LESSON 6

Descrevendo as pessoas
Describing people

Nesta parte você vai aprender a descrever as pessoas fisicamente. É recomendado você consultar o Apêndice 3 do livro *Como dizer tudo em inglês* para palavras específicas sobre cabelo e outros atributos físicos.

LISTEN AND REPEAT *(Faixa 13)* Escute e repita as seguintes frases em inglês.

[Você/Ela/Ele] é (muito) bonito.	You're/She's/He's (really) good-looking.
[Ele/Ela] é (meio) alto/a.	[He's/She's] (kind of) tall.
[Ele/Ela] é (um pouco) baixo/a.	[He's/She's] (a little) short.
Você/Ela é linda.	You're/She's beautiful.
Você/Ela/Ele é uma gracinha.	You're/She's/He's so cute.
Eu tento me cuidar.	I try to take good care of myself.
Ele/Ela tenta se cuidar.	He/She takes good care of himself/herself.
Ele/Ela está em boa forma.	He's/She's in good shape.
Tem o cabelo na altura do ombro.	It's about shoulder-length.
Está perdendo cabelo.	My/His/Her hair is thinning.
Ele é careca.	I'm/He's bald.
Ela é morena.	I'm/She's a brunette.
Ela é loira.	I'm/He's/She's a blond.
Ela é ruiva.	I'm/He's/She's a redhead.
Tenho	I have
Tem cabelos [enrolados].	He/She has [curly] hair.
Estou engordando.	I'm/You're/He's/She's getting fat.
Ele está um pouco acima do peso.	I'm/You're/He's/She's a little overweight.
Ele tem engordado um pouco.	I've/You've/He's/She's put on a little weight.
Sou meio gordinho.	I'm/You're/He's/She's a little chubby.
Ele é ossudo.	I'm/You're/He's/She's big-boned.
Ela é meio gordo.	I'm/You're/He's/She's a little heavy.
Sou magro.	I'm/You're/He's/She's thin.
Ele é elegante.	I'm/You're/He's/She's slim.
Ele perdeu (muito) peso.	I've/You've/He's/She's lost (a lot of) weight.
Ela é magricela.	I'm/You're/He's/She's skinny.

ORGANIZE

Organize as expressões, colocando-as dentro das seções a seguir.

General impression of a person's physical appearance	Describing hair	Describing weight

EXERCISE 1

Escreva abaixo 4 formas diferentes de dizer que uma pessoa está acima do peso.

1. ....
2. ....
3. ....
4. ....

EXERCISE 2

Combine as expressões a seguir com uma com significado contrário.

1. She's a little chubby.	a. She's put on a little weight.
2. She's a brunette.	b. She doesn't take care of herself.
3. She's lost a lot of weight.	c. She's skinny
4. She's in good shape.	d. She's a blond.

EXERCISE 3

Como você descreveria as seguintes pessoas famosas? Use as expressões praticadas nesta lição para descrevê-las.

1. Brad Pitt

....

2. Jô Soares

....

3. Luana Piovani

....

4. Gisele Bündchen

....

ACTIVITY Conversation Practice

Compare as descrições que você fez acima com as de outra pessoa. Vocês concordaram?

LESSON 7

Perguntas sobre a família de alguém

Questions about someone's family

Nesta lição você vai treinar algumas das perguntas mais típicas que se fazem quando uma pessoa quer saber da família de outra pessoa.

LISTEN AND REPEAT Escute e repita as seguintes frases em inglês. *(Faixa 14)*

Você vem de uma família grande?	Do you come from a big family?
Você tem irmãos?	Do you have any brothers or sisters?[1]
O que [ele/ela] faz?	What does [he/she] do?
O que eles fazem?	What do they do?
Você se dá bem com ele /ela/eles?	Do you get along with him /her/them?
Você tem filhos?	Do you have any children?
Quantos anos ele/ela tem?	How old is he/she?
Quantos anos eles têm?	How old are they?
Qual é o nome dele/dela?	What is his/her name?
Como eles se chamam?	What are their names?
Faz quanto tempo que você está casado/a?	How long have you been married?
Faz quanto tempo que você está separado/divorciado?	How long have you been separated/divorced?

[1] É necessário ser explícito em inglês neste caso. "Irmãos" – *brothers* – em inglês só pode ser masculino.

EXERCISE 1

Nos espaços abaixo, escreva as palavras *his, her* ou *their*, segundo a pessoa em questão em cada exemplo junto com a forma correta do verbo *to be*, e circule *name* (singular) ou *names* (plural).

1. Your daughter is so beautiful. What _is_ _her_ name/names?
2. You have two sons? What _____ ______ name/names?
3. Your son is two years old? He's so big! What _____ ______ name/names?
4. You have a little girl, too? What _____ ______ name/names?
5. I heard you got married and had two boys. What _____ ______ name/names?

EXERCISE 2 he, she ou they

Escreva os finais das perguntas: *is he?, is she?* ou *are they?*.

1. My son John is in college now.	Oh really? How old is *he*?
2. My daughter lives in New York.	Oh really? How old ______?
3. I have three sons.	Oh really? How old ______?
4. It's my son's birthday today.	Oh really? How old ______?
5. My kids, Linda and Daniel, love rap music.	Oh really? How old ______?

LISTENING AND SPEAKING 1

(*Faixa 15*)

Você vai ouvir pessoas falando que hoje é o aniversário de alguém importante para elas.

Pergunte: *How old is he/she?* ou *How old are they?*

e circule as idades que ouvir.

Exemplo: Você ouve: Today is my son's birthday.

Você fala: **Oh really? How old is he?**

Você ouve: He's 12.

Você circula: 2 (12) 22 32

1.	9	19	39	90
2.	15	50	5	55
3.	22	20	2	12
4.	3	13	30	33
5.	7	17	70	77

LISTENING AND SPEAKING 2

(*Faixa 16*)

Você vai fazer perguntas sobre as profissões de pessoas.

Exemplo: **Você vê:** 

Você fala: What does he do?

Você ouve: *He's a senator.*

Você circula:  

1.   

2.   

3.   

4.   

5.     

ACTIVITY Conversation Practice
Agora faça perguntas a um parceiro sobre sua família.

Exemplo:

LESSON 8

Falando sobre a sua família
Talking about your family

Esta lição ensina você a falar sobre a sua família. Vale a pena revisar as Lições 5 e 6; combinam naturalmente com este tópico.

LISTEN AND REPEAT Escute e repita as seguintes frases em inglês. *(Faixa 17)*

Meus pais são/eram de [Fortaleza].	My parents are/were from [Fortaleza].
Meu pai deixou minha mãe quando eu era pequeno.	My father left my mother when I was young.
Meus pais são separados.	My parents are divorced.
Eu tenho [dois] irmão(s) e [uma] irmã(s).	I have [two] brother(s) and [one] sister(s).
Eu sou o mais velho.	I'm the oldest.
Eu sou a/o do meio.	I'm in the middle.
Sou o/a caçula.	I'm the youngest.
Sou filho/a único/a.	I'm an only child.
Meu [irmão] é [médico].	My [brother] is [a doctor].
veja tambem 'Falando da sua profissão' página 26	
Minha [irmã] mora em [Porto Alegre].	My [sister] lives in [Porto Alegre].
Meu [pai] é de [Recife].	My [father] is from [Recife].
Meu [pai] é/era [médico].	My [father] is/was a [doctor].
Meu [pai] já é/Meus pais já são falecido(s).	My [father] is / My parents are deceased.
Meus pais se separaram quando eu tinha (12).	My parents got divorced when I was (12).
Venho de uma família grande/pequena.	I come from a big/small family.
Tenho família também em [Petrópolis].	I also have family in [Petrópolis].
Para mim, a família vem em primeiro lugar.	With me, family always comes first.
Somos muito próximos.	We're very close.
Sou meio o/a ovelha negra da família.	I'm kind of the black sheep of the family.
Não me dou muito bem com meu [pai].	I don't get along with my [father].
Minha família é meio complicada.	My family's a little complicated.
Minha família é meio maluca.	I have a crazy family.
Não falo com [meu irmão] há muito tempo.	I haven't spoken to [my brother] for a long time.
A gente brigou (anos atrás).	We had a falling out (years ago).

EXERCISE 1

Estude esta árvore genealógica e circule a pessoa que está falando.

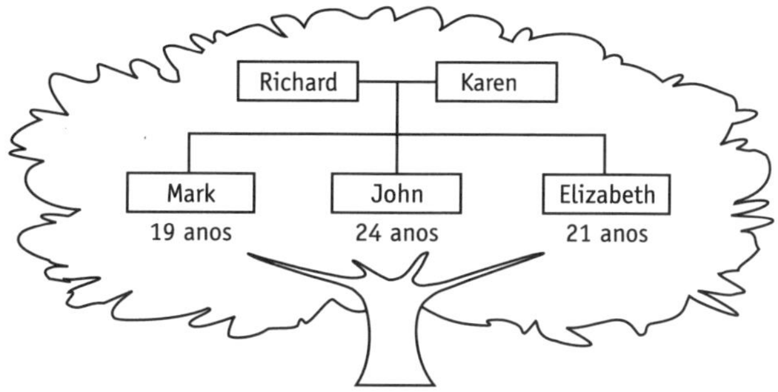

1. I have two brothers.	Mark	Elizabeth	John
2. I'm the oldest.	Mark	Elizabeth	John
3. My brothers are students.	Mark	Elizabeth	John
4. I'm the youngest.	Mark	Elizabeth	John
5. I'm an only child.	Mark	Elizabeth	John
6. I'm in the middle.	Mark	Elizabeth	John

EXERCISE 2

Leia e identifique os erros factuais no texto a seguir.

My name is Erik, and I'm from San Francisco, California. I'm 30 years old. I have four brothers: Maria, Monica, William and Jackson. Maria is 12 years old, Monica 18, William 25 and Jackson 29. I'm the youngest. Maria and Monica still live with my parents in San Francisco, but William and Jackson live in Los Angeles. I'm Brazilian, but my parents are from Italy. My father was an only child, but my mother comes from a small family - she has 8 brothers and 9 sisters. I also have family in New York, but I haven't spoken to them for a long time – we're very close. My father is a pharmacist, my mother is a dermatologist, William is an orthopedist and Jackson is a cardiologist. I'm a endocrinologist – I guess I'm kind of the black sheep of the family.

ACTIVITY Writing

Use o espaço abaixo para escrever um pouco sobre sua própria família, usando as expressões usadas nesta lição.

....

....

....

....

....

ACTIVITY Conversation Practice

Agore fale com outra pessoa sobre o que você escreveu acima. Importante: Não leia o que escreveu, simplesmente fale as informações.

LESSON 9

Fazendo perguntas sobre a profissão de alguém
Asking about a person's occupation

A palavra *occupation* em inglês, na verdade, significa a função habitual que a pessoa desempenha, seja profissional, seja acadêmica. Por isso, nesta lição se aprende a fazer perguntas tanto a pessoas já no mercado de trabalho quanto a pessoas ainda terminando a faculdade.

LISTEN AND REPEAT Escute e repita as seguintes frases em inglês. *(Faixa 18)*

O que você faz? / Você trabalha no quê?	So, what do you do?
Você trabalha/estuda?	Do you work/study?
E isso envolve o que (exatamente)?	And what does that involve (exactly)?
Está estudando o que?	What's your major?
Em que área da [engenharia] (exatamente)?	What area of [engineering] (exactly)?
Está em que ano?	What year are you?
Falta quanto para você se formar?	How long till you graduate?
Está gostando dos seus professores?	Do you like your professors?
É difícil?	Is it hard?
Você está em que área de trabalho?	What line of work are you in? / What sort of business are you in?
Que tipo de [médico]?	What kind of [doctor]?
Onde você trabalha?	Where do you work?
Onde (isso) fica?	Where is it/that located?
É uma companhia grande/pequena?	Is it a big/small company?
Como você começou a trabalhar lá?	How did you start working there?
Você está gostando?	How do you like it?
É muito trabalho, não é?	It's a lot of work, isn't it?
Trabalha muito?	What are the hours like?
O salário é bom?	What's the pay like?
Quanto tempo você tem lá?	How long have you been there?
Faz quanto tempo que você está fazendo isto?	How long have you been doing that?
Sempre foi [engenheiro]?	Have you always been a[n engineer]?
É bastante [competitivo]?	Is it pretty [competitive]?
Precisa [viajar muito]?	Do you have to [travel a lot]?

ORGANIZE

Organize as expressões, colocando-as dentro das seções a seguir.

Questions about school	Questions about work	Questions for both
What's your major?		

EXERCISE 1

Complete o diálogo com expressões desta lição. (Ignore, por enquanto, os espaços antes dos itens 2, 3 e 6.)

	1.	So, what do you do?	I'm a doctor.
_____	2.	______________________	Orthopedist.
_____	3.	______________________	At St. Mary's Hospital.
	4.	______________________	On Market Street.
	5	______________________	I work around forty to fifty hours a week.
_____	6.	______________________	Eleven years.
	7.	______________________	I love it.

LISTENING AND SPEAKING 1

(*Faixa 19*)

1. Escute o diálogo completo para checar as respostas.
2. Agora escute de novo, desta vez anotando as palavras faladas antes das perguntas nos números 2, 3 e 6.
3. Agora, quando ouvir o número, fale as perguntas que você escreveu (e, quando tiver, as palavras que vêm antes também). (*Faixa 20*)

EXERCISE 2

Complete o diálogo com expressões desta lição. (Ignore, por enquanto, os espaços antes dos itens 2, 3 e 6.)

	1.	So, what do you do?	I'm a student.
_____	2.	______________________	Medicine.
_____	3.	______________________	I haven't decided yet.
	4.	______________________	I'm in my third year now.
	5.	______________________	I finish next year.
_____	6.	______________________	They're OK.
	7.	______________________	It is, but I enjoy it.

LISTENING AND SPEAKING 2

(*Faixa 21*)

1. Escute o diálogo completo para checar as respostas.
2. Agora escute de novo, desta vez anotando as palavras faladas antes das perguntas nos números 2, 3 e 6.
3. Agora, quando ouvir o número, fale as perguntas que você escreveu (e, quando tiver, as palavras que vêm antes também). (*Faixa 22*)

ACTIVITY

Conversation Practice

Prepare algumas perguntas para um companheiro sobre a profissão dele, e ele fará o mesmo. Pratique com ele fazendo as perguntas e respondendo.

LESSON 10

Falando da sua profissão
Talking about your occupation

Nesta lição você vai se preparar para conversar sobre a sua profissão. Como já foi explicado na lição anterior, a palavra *occupation* pode ser sua atividade profissional ou acadêmica. Não é tão importante que você decore todas as expressões. O mais importante é que você aprenda a falar aquelas expressões que forem úteis para você e sua realidade.

LISTEN AND REPEAT Escute e repita as seguintes frases em inglês.
(Faixa 23)

Eu sou [contador] na [IBN].	I'm a[n accountant] at [IBN].
Você conhece?	Are you familiar with it?
Eu trabalho na [IBN].	I work for [IBN].
Estudo [engenharia];	I study [engineering].
Você já ouviu falar?	Maybe you've heard of us?
É uma companhia de [informática] pequena/grande.	It's a small/big [computer] company.
Minha companhia está sediada em [Paraná].	My company is based in [Paraná].
Temos filiais em/por todo [Brasil].	We have branches in/throughout [Brazil].
Eu trabalho de [designer]	I work as a [designer]
Sou uma espécie de [programmer]	I work as a kind of [programmer]
Acho que pode dizer que sou uma espécie de [gerente].	I guess you could say I'm a kind of [manager].
Basicamente, eu [controlo estoque].	Basically, I [control stock].
Eu trabalho em [pedagogia].	I work in [education].
Eu trabalho com [computadores].	I work with [computers].
No geral, o que eu faço é [monitorar vendas].	Typically, what I do is [monitor sales].
Meu trabalho consiste basicamente em [controlando despesas].	My job mostly involves [controlling costs].
Eu gosto muito.	I really like it.
É bem [interessante].	It's quite [interesting].
É um pouco estressante às vezes.	It's a little stressful sometimes.
Nunca é chato.	It's never boring.
Comecei a trabalhar lá em [1998].	I started working there in [1998].
Eu tenho [9] anos lá.	I've been working there for [9] years.
Comecei a trabalhar lá porque [meu pai trabalhou lá].	I started working there because [my father worked there].
Gosto das pessoas com que trabalho.	I like the people I work with.
As pessoas com quem trabalho são bem [interessantes].	The people I work with are really[interesting].

ORGANIZE Escreva as possíveis respostas às seguintes perguntas. (*O primeiro já foi feito para você.*)

"What do you do?"	"And what does that involve?"	"How long have you been doing that?"	"How do you like it?"
I'm an accountant			

ACTIVITY 1 Personalize Agora é a sua chance para se preparar para falar sobre o que você faz da vida. Preencha os campos em branco com as informações pertinentes a você. Isso também significa que alguns espaços podem ficar vazios.

I'm a(n) ______________________
I work for ______________________
I study ______________________
It's a small/big ______________________ company.
My company is based in ______________________
We have branches in/throughout ______________________
I work as a ______________________
I work as a kind of ______________________
I guess you could say I'm a kind of ______________________
Basically, I ______________________
I work in ______________________
I work with ______________________
Typically, what I do is ______________________
My job mostly involves ______________________
It's quite ______________________
It's a little stressful sometimes. YES NO
It's never boring. YES NO
I started working there in ______________________
I've been working there for ______________________ years.
I started working there because ______________________
The people I work with are really ______________________

Agora fale o que você escreveu acima em voz alta para treinar a pronúncia.

LISTEN AND RESPOND 1 Professional (*Faixa 24*)
Agora é a sua chance de ouvir e responder como em uma conversação real.

LISTEN AND RESPOND 2 – Academic (*Faixa 25*)
Agora é a sua chance de ouvir e responder como em uma conversação real. (Use esta faixa para responder sobre suas atividades acadêmicas.)

ACTIVITY 2 Conversation Practice
Pratique as expressões aprendidas com um companheiro. Dê-lhe o seu cartão de visita ou, se não tiver um, faça um simples (pode conter informações reais ou não) em um papel. Ele fará perguntas a você baseado nas informações fornecidas.

LESSON 11

Falando com estrangeiros
Talking to foreigners

Esta lição aborda algumas das expressões mais comuns utilizadas por brasileiras quando conhecem um estrangeiro. Todas elas são válidas para o primeiro encontro independentemente de situação, seja ela profissional ou informal.

LISTEN AND REPEAT Escute e repita as seguintes frases em inglês. *(Faixa 26)*

De onde você é?	Where are you from?
Há quanto tempo que está aqui?	How long have you been here?
Você está onde?	Where are you staying?
O que você está achando (daqui)?	And how do you like it (here)?
Está aqui a trabalho / a passeio?	Are you here for work / on vacation?
O que você achou [da comida]?	How do you like [the food]?
Você precisa experimentar [a feijoada].	You have to try [feijoada].
Não deixe de ir a [Olinda].	Make sure you go to [Olinda].
Você sente saudades de lá?	Do you miss home?
Como está seu português?	And how's your Portuguese?
Já foi ao [Rio]?	Have you been to [Rio de Janeiro]?
Gostou de lá?	How did you like it?
Você precisa conhecer.	You have to go.
Você deveria ir a [Campos de Jordão].	You should go to [Campos de Jordão].
Vou lhe dar meu telefone.	Let me give you my phone number.
Me ligue para combinarmos alguma coisa.	Call me and we'll do something.
Seria um prazer lhe mostrar a cidade.	It would be my pleasure to show you around the city.

EXERCISE 1

Na conversação a seguir, coloque uma frase da lista da página anterior nas linhas à esquerda.

1. ....? Vancouver, Canada.
2. ....? I'm here on vacation, actually.
3. ....? I love it! It's a really beautiful country.
4. ....? Oh, it's delicious.
5. .... Thank you. I would love that.

ACTIVITY 1 Personalize

Complete o balão abaixo como se estivesse falando da sua cidade.

My city has many wonderful things. You have to try the ....
and the .... Oh, make sure you go to ....
It's really great. And do you like ....? Then you should
go to .... It's the best! Have you been to ....?
No? You have to go. Let me give you my ....
It's _ _ _ _ – _ _ _ _. It would be my pleasure to show you around ....!
Nice meeting you!

ACTIVITY 2 Rehearse

Agora treine o que você escreveu no balão acima falando o texto todo em voz alta.

ACTIVITY 3 Conversation

Pratique com seu parceiro usando as frases deste capítulo. Faça de conta que ele é um estrangeiro e você brasileiro, e depois troque de papel.

LESSON 12

Descrevendo personalidade 1
Describing personality 1

Nesta lição é possível praticar a linguagem usada para descrever a personalidade de alguém. Isto pode ser útil em várias circunstâncias. Por exemplo, quando você quer falar bem de um amigo antes de apresentá-lo, ou quando você menciona uma pessoa durante uma conversação e quer acrescentar mais detalhes sobre ela. As expressões abaixo também podem ser faladas diretamente a uma pessoa, elogiando-a, ou até quando você quer descrever você mesmo. Nessa última circunstância, é útil usar *I think I'm...* ("Eu acho que sou..."). O que não está incluso nesta seção são as expressões para descrever qualidades não tão positivas. Para estas frases, consulte o livro *Como dizer tudo em inglês*, no Apêndice 3, "Descrevendo as pessoas" para um vocabulário específico.

LISTEN AND REPEAT Escute e repita as seguintes frases em inglês.
(Faixa 27)

Ele/Ela/Você é uma figura.	He's/She's/You're a real character.
Ele/Ela é um velho amigo.	He's/She's an old friend.
Ele/Ela é um amigo intimo.	He's/She's a close friend.
Ele/Ela/Você é um amigo de verdade.	He's/She's/You're a true friend.
Você pode contar comigo/ele/ela/eles.	You can really count on me/him/her/them.
Ele/Ela/Você é (muito) simpático.	He's/She's/You're (really) nice.
Ele/Ela/Você é (muito) legal.	He's/She's/You're (really) cool.
Ele/Ela/Você é muito divertido.	He's/She's/You're a lot of fun.
Ele/Ela/Você tem um ótimo senso de humor.	He/She has (You have) a good sense of humor.
Ele/Ela/Você é uma pessoa com pé no chão.	He's/She's/You're really down to earth.
Eu/Ele/Ela/Você não para.	I'm/He's/She's/You're always on the go.
Adoro/Adoramos/Adoram uma festa. Ele/Ela adora uma festa.	I/We/They love to party. He/She loves to party.
Ele/Ela/Você é sempre o centro das atenções.	He's/She's/You're always the center of attention.
Sigo meus instintos.	I follow my instincts.

EXERCISE 1 Abaixo, escreva *he's, she's* ou *they're*, de acordo com a figura. (O primeiro foi feito para você como exemplo.)

1.  _She's_ a real character.
2.  _______ an old friend.
3.  _______ a close friend.
4.  _______ people you can really count on.
5.  _______ really nice.
6.  _______ always on the go.

ACTIVITY 1 Personalize

No quadro a seguir, coloque o nome da pessoa (ou pessoas) que você conhece que se enquadrem com a descrição.

Descrição	**Nome da pessoa**
He's/She's a real character.	
He's/She's an old friend.	
He's/She's a close friend.	
He's/She's a true friend.	
You can really count on him/her/them.	
He's/She's really nice.	
He's/She's really cool.	
He's/She's a lot of fun.	
He/She has a good sense of humor.	
He's/She's really down to earth.	
He's/She's always on the go.	
He/She loves to party.	
He's/She's always the center of attention.	

ACTIVITY 2 Personalize

Agora utilize o espaço abaixo para fazer uma descrição sobre você mesmo. Use as expressões desta lição, e também use o Apêndice 3 de "Como dizer tudo em inglês" e/ou um dicionário para lhe ajudar.

....

....

ACTIVITY 3 Conversation Practice

Converse com um companheiro sobre alguém que você admira muito, e dê as razões de sua admiração.

LESSON 13

Concordando e discordando
Agreeing and disagreeing

É importante poder responder a uma opinião dada. Frequentemente, essa resposta vai ser a sua manifestação de concordância ou discordância com aquela opinião. É igualmente importante poder falar não somente se você concorda ou não concorda, mas também poder mostrar graus de concordância ou discordância. Pode acontecer que, por exemplo, você chegue a querer discordar de seu chefe, mas existem formas menos e mais perigosas de fazê-lo! Esta seção aborda exatamente esse tema.

LISTEN AND REPEAT Escute e repita as seguintes frases em inglês. *(Faixa 28)*

É verdade.	That's true.
Isso não é verdade.	That's not true.
Eu concordo.	I agree.
Eu também acho.	I think so, too.
Eu também.	Me, too.
Eu também não. / Nem eu.	Me neither.
Eu concordo plenamente.	I agree completely. / I couldn't agree more.
Concordo 100%.	I agree a hundred percent.
Com certeza.	Definitely. / Certainly. / Absolutely.
Claro.	Of course.
Eu não concordo.	I don't agree.
Eu não acho.	I don't think so.
Eu não vejo assim.	I don't see it that way.
Eu entendo o que você está tentando dizer, mas...	I understand what you're saying, but...
Concordo que [não está perfeito], mas...	I agree that [it's not perfect] , but...
Concordo até certo ponto.	I agree up to a point.
Não estou dizendo que concordo ou não.	I'm not saying I agree or disagree.
Entendo (isso).	I see your point.
Sei o que está dizendo.	I can see what you're saying.
Entendo o que está dizendo.	I understand what you're saying.
É uma maneira interessante de ver [isso].	That's an interesting way of looking at [it].
Nunca pensei nisso desta forma.	I've never really thought of it that way before.
Bem, sim e não.	Well, yes and no.
Você não acha?	Don't you think so?
Você não acha que [os brasileiros são simpáticos]?	Wouldn't you say that [Brazilians are friendly]?
Concorda comigo?	Don't you agree?

ORGANIZE

Organize as expressões, colocando-as dentro das seções a seguir.

Agreeing[1]	**Disagreeing**[2]
That's true.	
Asking if they agree[3]	**Not disagreeing or agreeing**[4]

[1](concordando) [2](discordando) [3](perguntando se as pessoas concordam) [4](em cima do muro)

LISTENING Agree, disagree or neither?

(Faixa 29)

Escute os diálogos e circule os símbolos que refletem se as pessoas concordam (👍), nem concordam nem discordam (👍👎), ou discordam (👎).

1. 👍 👍👎 👎
2. 👍 👍👎 👎
3. 👍 👍👎 👎
4. 👍 👍👎 👎
5. 👍 👍👎 👎
6. 👍 👍👎 👎

ACTIVITY 1 Personalize

Escreva abaixo a sua reação às opiniões expressas. Você concorda ou não concorda? Use as expressões dadas nesta lição.

1. Drugs should be legalized.

   ....

2. Brazil is the country of the future.

   ....

3. It is important for a parent to be a friend.

   ....

4. Women are better drivers than men.

   ....

5. Brazil needs a better police force.

   ....

6. One day everyone in the world will speak English.

   ....

7. Technology has caused people to lose contact with each other.

   ....

8. The people in the north and northeast of Brazil are friendlier than the people in the south and southeast.

   ....

9. Lula was the best president in the history of Brazil.

   ....

10. The best Brazilian World Cup team was the one from 1962.

    ....

LISTEN AND RESPOND

Agora é a sua chance de ouvir e responder às opiniões como em uma conversação real. Use as respostas escritas que já preparou para ajudar. (Mas, o melhor é tentar responder sem olhar.) *(Faixa 30)*

ACTIVITY 2 Conversation Practice 1

Agora converse com um colega sobre essas mesmas opiniões. Ele compartilha o mesmo ponto de vista sobre elas?

ACTIVITY 3 Conversation Practice 2

Escreva aqui três opiniões sobre o governo, esporte e família.

1. Governo ____

2. Esporte ____

3. Família ____

Agora fale suas opiniões para um companheiro. Ele concorda?

LESSON 14

Necessidades físicas
Physical needs

Esta seção, à primeira vista, pode até parecer um elemento linguístico básico e meramente instrumental. Longe disso, as expressões a seguir também cumprem uma função bastante social. É normal e talvez até esperado, por exemplo, que comida e bebida sejam oferecidas a uma visita. Nessa circunstância, portanto, perguntar se alguém está com fome – *Are you hungry?* – na verdade equivale a oferecer algo à pessoa. Por outro lado, quando você diz que está com fome – *I'm hungry* – provavelmente não está simplesmente declarando como você se sente, e sim o desejo de ir a um restaurante.

LISTEN AND REPEAT Escute e repita as seguintes frases em inglês.
(Faixa 31)

Está com fome?	Are you hungry?
Um pouco.	A little.
Não muito.	No, not really.
Não, estou bem. (Obrigado)	No, I'm fine. (Thanks.)
Estou com fome.	I'm hungry.
Estou morrendo de fome.	I'm starving.
Está com sede?	Are you thirsty?
Estou com sede.	I'm thirsty.
Estou morrendo de sede.	I'm dying of thirst.
Parece cansado.	You look tired.
Estou cansado.	I'm tired.
Estou morto de cansaço.	I'm exhausted.
Estou com sono.	I'm sleepy.
Eu vou para cama.	I'm going to bed.
Preciso ir ao banheiro.	I have to go to the bathroom.
Tenho que fazer xixi.	I have to go pee.
Está com frio/calor?	Are you cold/hot?
Está com [malha]?	Do you have a [sweater]?
Estou com frio/calor.	I'm cold/hot.
Estou congelando.	I'm freezing.
Estou derretendo.	I'm boiling.
Você não está com calor?	Aren't you hot?
Por quê não tira a [malha]?	Why don't you take off your [sweater]?
Por quê não coloca a [malha]?	Why don't you put on your [sweater]?

ORGANIZE
Organize as expressões, colocando-as dentro das seções a seguir.

Asking about a person's comfort[1]	Declaring your need[2]

[1] ("Querendo saber do conforto da outra pessoa") [2] ("Declarando a sua necessidade")

VOCABULARY
Quais são as outras possibilidades? Complete a bolha inserindo mais palavras.

I'm

hungry
____
____
____
____
____
____

EXERCISE 1 O que foi dito antes das seguintes respostas? Escreva uma expressão nas linhas à esquerda.

1. __________ Oh really? Would you like a sandwich?
2. __________ Really? Do you want me to close the window?
3 __________ Me too. Let's go to bed.
4. __________ Why don't you take off your jacket?
5 __________ I have water, juice, soda...

VOCABULARY 1 Combine uma palavra à esquerda com a expressão que significa a intensificação do adjetivo à direita.

1.	hungry	a freezing
2.	cold	b. dying of thirst
3.	thirsty	c. starving
4	hot	d. exhausted
5.	tired	e. boiling

VOCABULARY 2 Agora escute e fale a expressão que intensifica o adjetivo. Por exemplo:
Você ouve: *I'm hungry.* Você fala: *I'm starving!*
(Faixa 32)

ACTIVITY Conversation Practice
Tente fazer com que o seu companheiro adivinhe que necessidade você está representando usando mímica.

LESSON 15

Arte e Entretenimento – Cinema
Arts and Entertainment – Film

O cinema, e filmes em geral, fazem parte do cotidiano da maioria das pessoas. Não é surpreendente, portanto, que dar e pedir opiniões sobre filmes seja uma função linguística tão comum na conversação. Aqui você vai aprender a falar sobre filmes, dando as suas opiniões e perguntando sobre os gostos das outras pessoas. Nesta seção, vemos que o uso do *present perfect* (presente do perfeito) é natural. Como, quando se pergunta a uma pessoa se ela já viu algum filme e não se sabe se viu aquele filme nem quando viu, é necessário perguntar com *Have you...?* Quando se estabelece que, de fato, a pessoa já viu o filme, então pode-se usar o *past simple* (passado do pretérito) para referir-se especificamente àquela ocasião em que o filme foi visto pela pessoa, perguntando *Did you...?,* como mostrado nas expressões abaixo.

LISTEN AND REPEAT Escute e repita as seguintes frases em inglês. *(Faixa 33)*

De que tipo de filme você gosta?	What kind of movies do you like?
Eu gosto de [ação, romance, drama]	I like [action movies, love stories, dramas]
Eu não sou muito chegado em [filme de terror].	I'm not crazy about [horror films].
Qual é o seu filme favorito?	What's your favorite movie[AmE]/film[BrE]?
Você já viu...? (*filme em cartaz*)	Have you seen [the new Almodóvar film]?
Você já viu...? (*filme mais velho*)	Have you ever seen [*Casablanca*]?
Ainda não.	No, not yet.
Gostou?	Did you like it?
Gostei, sim.	Yes, I did.
Não muito.	Not really.
O que você achou?	How did you like it?
Tem recebido [uma boa crítica/críticas variadas/uma crítica ruim].	It's gotten [good reviews/mixed reviews/bad reviews].
Vi o 'trailer'.	I saw the preview.
Pelo trailer parece bom.	From the previews it looks good.
Dizem que é [bom]	They say it's [good/not very good]
Adorei.	I loved it.
Eu gostei muito.	I really enjoyed it.
Gostei.	I liked it.
Achei mais ou menos.	It was OK.
Você tem que ver.	You must see it.
Vale a pena assistir.	It's worth seeing.
Faz tempo que não vejo um bom filme.	It's been a while since I've seen a good movie.
É um dos melhores filmes que assisti [faz tempo].	It's one of the best movies I've seen [in a long time].
(Na verdade) Fiquei um pouco decepcionado.	I'm/I was a little disappointed (actually).

EXERCISE

No exercício abaixo, selecione a resposta que **não** for correta.

1. What kind of movies do you like?
   a. Thrillers. b. I like dramas. c. I'm not crazy about documentaries. d. *Gladiator.*
2. Have you seen *Rocky 6*?
   a. Not really. b. No, I haven't. Is it good? c. Yes, I have. d. No, not yet.
3. How did you like it?
   a. I loved it. b. It's one of the best movies I've seen in a long time.
   c. They say it's not very good. d. I was a little disappointed.

CUIDADO Não diga "I like *thriller*" ou "I don't like *documentary*". O certo é falar desses gêneros no plural: *I like thrillers* e *I don't like documentaries.*

LISTENING AND SPEAKING

(*Faixa 34*)

A atividade a seguir é para treinar um diálogo típico sobre cinema.

Exemplo: **Você vê:** 1. ...Carandiru?
Você fala: "Have you ever seen Carandiru?"
Você ouve: "*Yes, I have*" ou outro comentário equivalente a "sim" ou "não"
(se a resposta for "sim") **Você pergunta:** "*Did you like it?*"
Você ouve: "*I loved it*" ou outro comentário
Você circula: 👍, 👎 ou ⊗ ("não viu") segundo o comentário

1. ...Casablanca? 👍 👎 ⊗
2. ...Matrix? 👍 👎 ⊗
3. ...Titanic? 👍 👎 ⊗
4. ...Gladiator? 👍 👎 ⊗
5. ...City of God? 👍 👎 ⊗

ACTIVITY Personalize

Agora é a sua chance de personalizar a linguagem desta lição, ou seja, usá-la pensando na vida real ou suas respostas reais.

1. I like ____________ (*tipo de filme*).
2. I'm not crazy about __________.
3. I've never seen __________.
4. I want to see __________.
5. I've seen ________ 5 times.
6. ________ has gotten _______ reviews.
7. From the preview, ___________ looks good.
8. They say ________ is not very good.
9. I loved __________.
10. I was a little disappointed in _________.

CONVERSATION PRACTICE 1 Agora compare o que você escreveu acima com as informações de outras pessoas. Elas concordam com você?

CONVERSATION PRACTICE 2 Pegue o jornal de hoje ou o mais recente e abra a seção dos filmes. Com um companheiro, olhe os filmes (estreias, em cartaz, DVD, etc.) e faça perguntas e comentários sobre eles.

LESSON 16

Arte e Entretenimento – Música
Arts and Entertainment – Music

Quém não gosta de ouvir música? Por isso esta seção foi incluída no livro. Há algumas semelhanças entre esta seção e a anterior sobre cinema no uso do *present perfect*, mas, como música difere de cinema no sentido de que um filme é um evento e artistas de música não, nesta seção o mais comum é falar no presente.

LISTEN AND REPEAT Escute e repita as seguintes frases em inglês.
(Faixa 35)

Que tipo de música você gosta/ouve?	What kind of music do you like/listen to?
(Eu gosto) de todos os tipos.	(I like) all kinds.
Depende (do meu humor).	It depends (on my mood).
Você gosta de [Tom Jobim]?	Do you like [Tom Jobim]?
Você conhece [Marisa Monte]?	Do you know [Marisa Monte]?
Eu já ouvi falar dele/dela/deles.	I've heard of him/her/them.
Eu tenho todos os CDs dele/dela/deles.	I have all his/her/their CDs.
Você já tem o novo/último CD dos [Raimundos]?	Do you have the new/latest [Raimundos] CD?
Você já ouviu o/a novo/a CD/música dos (Raimundos)?	Have you heard the new [Raimundos] CD/song?
Você já viu o clipe?	Have you seen the video?
Eu fui ao show dele/dela/deles (ano passado) (no Recife) (no *Classic Hall*).	I went to his/her/their concert (last year) (in Recife) (at the *Classic Hall*).
Eles têm um som legal.	They have a nice sound.
Eu gosto das coisas (mais) antigas dele/dela/deles.	I like his/her/their old(er) stuff.
Gosto muito dele/dela/deles.	I like him/her/them a lot.
Gosto dele/dela/deles mais ou menos.	He's/She's/They're OK.
Não sou muito chegado a [rock].	I'm not really into [rock].
Sou mais chegado a [jazz].	I'm more into [jazz].
É legal para dançar.	It's good to dance to.
Eu gosto da letra.	I like the lyrics
Só dá para aguentar uns [30] minutos disso.	I can only take about [30] minutes of it.
Eu não suporto [brega].	I can't stand [*brega*].

EXERCISE 1 Combine uma pergunta do lado esquerdo com uma resposta do lado direito. (O primeiro já foi feito para você como exemplo.)

1. Do you know Djavan? — b	a. Country and new age.
2. What kind of music do you like?	b. I've heard of him.
3. Do you like electronic music?	c. No, I haven't.
4. Have you seen the new Madonna video?	d. I like their older stuff.
5 Do you like the Rolling Stones?	e. It's good to dance to.

EXERCISE 2 Neste exercício, circule o nome da pessoa a quem cada frase estiver se referindo. Pode ser feminino (Maria Bethânia – MB), masculino (Caetano Veloso – CV) ou plural (The Beatles – TB).

1. I like them a lot.	MB CV TB
2. I have all her CDs.	MB CV TB
3. I went to his concert.	MB CV TB
4. I like their older stuff.	MB CV TB
5. She's OK.	MB CV TB
6. I've heard of him.	MB CV TB

LISTENING Which artist?
(Faixa 36)
Escute as pessoas. Estão falando de Maria Bethânia (MB), Caetano Veloso (CV) ou The Beatles (TB)?

1. MB CV TB
2. MB CV TB
3. MB CV TB
4. MB CV TB

ACTIVITY Personalize

Agora é a sua chance de personalizar a linguagem desta lição, ou seja, usá-la pensando na vida real ou suas respostas reais.

1. I'm not really into ____________.
2. I have all of ____________'s CDs.
3. I went to the ____________ concert in ____________ at ____________.
4. I have the latest ____________ CD.
5. I like ____________'s older stuff.
6. I like ____________ a lot.
7. ____________ is good to dance to.
8. I can only take about ____ minutes of ____________.

CONVERSATION PRACTICE Agora compare as informações que você escreveu acima com as de outras pessoas. Vocês têm gostos parecidos?

LESSON 17

Arte e Entretenimento – Livros
Arts and Entertainment – Books

Nesta lição você vai aprender a falar sobre leitura, mas aqui o aluno que não tem o hábito de ler não precisa se sentir excluído. Há até sugestões de desculpas para serem dadas em caso de alguém não ser muito adepto a ler. Para aqueles que gostam de ler, há também expressões para falar e perguntar sobre preferências, especificamente sobre autor, gênero e estilo preferidos.

LISTEN AND REPEAT Escute e repita as seguintes frases em inglês. *(Faixa 37)*

Você gosta de ler?	Do you like to read?
Eu adoro ler.	I love to read.
(Infelizmente) eu não tenho muito tempo (para ler).	(Unfortunately) I don't have a lot of time (to read).
(Infelizmente) eu não tenho tido muito tempo (para ler).	(Unfortunately) I haven't had a lot of time (to read).
Que tipo de livros você gosta (de ler)?	What kind of books do you like (to read)?
Quem é o seu autor (brasileiro) favorito?	Who's your favorite (Brazilian) author?
Você já leu...?	Have you read ["Harry Potter"]?
Não. É de quem?	No. Who's it by?
O que você achou?	What did you think?
Gostou?	Did you like it?
Não conseguia parar de ler.	I couldn't put it down.
Achei meio [devagar].	I found it a little [slow].
Ela/ele é um dos autores (americanos) que eu mais gosto.	She's/He's one of my favorite (American) authors.
["Guerra e Paz"] é um dos meus livros prediletos (de todos os tempos).	["War and Peace"] is one of my (all-time) favorite books.
Acho difícil ler [Nabokov].	I find [Nabokov] hard to read.
Achei uma leitura difícil.	I found it hard to read.
Ele/Ela é muito fácil/agradável de ler.	He's/She's really easy/nice to read.
No momento estou lendo ["O Código Da Vinci"].	Right now I'm reading ["The Da Vinci Code"].
Já ouviu falar?	Have you heard of it?
Comecei a ler agora.	I just started reading it.
Estou quase terminando.	I'm almost finished.
Se você gosta de [suspense], vai adorar [este livro].	If you like [suspense], you'll love [this book].

REPARE A expressão *I found it a little...* é usada para expressar uma opinião negativa de uma maneira delicada.

EXERCISE 1 Preencha o balão com as possíveis terminações para expressão *I found it a little...* . Pode usar um dicionário para buscar qualquer palavra que não souber. (O primeiro já foi feito para você como exemplo.)

boring interesting exciting predictable dry funny thin moving

I found it a little...

boring ______________

____

____

EXERCISE 2 Marque as duas respostas corretas para cada pergunta.

1. Do you like to read?
   - ☐ I love to read.
   - ☐ I just started reading it.
   - ☐ I don't have a lot of time.

2. What kind of books do you like?
   - ☐ I love to read.
   - ☐ All kinds.
   - ☐ Mystery novels.

3. Did you like it?
   - ☐ I couldn't put it down.
   - ☐ I found it a little predictable.
   - ☐ I'm almost finished.

LISTENING Did they like it? (*Faixa 38*)

Será que eles gostaram ou não gostaram do livro que leram? Escute as pessoas e circule os símbolos correspondentes.

1. 2. 3. 4. 5.

ACTIVITY 1 Personalize

Insira nos espaços abaixo as suas informações reais com respeito à leitura.

1. ______________ is one of my favorite Brazilian authors.
2. I loved ______________. I couldn't put it down.
3. I found ______________ a little boring.
4. "______________" is one of my all-time favorite books.
5. I find ______________ hard to read.
6. ______________ is really easy to read.
7. Right now I'm reading ______________.

ACTIVITY 2 Conversation Practice

Compare com outra pessoa as informações preenchidas na Atividade 1. Pratique falando sobre leitura usando as expressões praticadas nesta lição.

LESSON 18

Sendo vago 1 – quantidade
Being vague 1 – quantity

Muitas pessoas que começam a estudar uma língua acham que o mais importante para atingir fluência na língua estrangeira é falar corretamente. Passam horas estudando a gramática para poder nunca errar uma estrutura. Na realidade, é importante não falar erradamente na língua, mas tentar falar sempre corretamente e com exatidão só atrapalha a fluência – não ajuda. Nós usamos muitas expressões (acabei de usar uma) para nos ajudar a falar sem precisão. Isso não é falar erradamente. Isso é falar como um nativo, falar sem pensar demais. Eis aqui algumas frases úteis.

LISTEN AND REPEAT Escute e repita as seguintes frases em inglês. *(Faixa 39)*

Cerca de [vinte]	Around [twenty] / About [twenty]
Tipo [três]...	Like [three]..
Alguns/mas (vezes)/(dias)	A few (times) / Some (days)
Muito poucos	Very few (people)
(Só) um pouco.	(Just) a little (cash)
Não muito.	Not (very) much (time)
Não muitos.	Not (very) many (chances)
Sim, bastante.	Yes, quite a bit.
bastante [pesado]	quite [heavy]
Muito (dinheiro)	A lot (of) (money)
Muitos/as (coisas)	Many (things)
centenas / milhares / milhões / bilhões (de...)	Hundreds (of protests) / thousands (of cars) / millions (of dollars) / billions (of particles)
Um absurdo de...	Tons (and tons) of [problems]
Uma quantidade enorme (de)	An enormous amount (of) (interest)
É uma coisa ridícula, tipo...	It's something ridiculous like [ten billion dollars].
Um monte de...	A bunch of [tickets]
Todo tipo de...	All kinds of [credit cards]
Uma grande quantidade de [dinheiro]	A large sum of [money]

EXERCISE 1 Grammar

Nem todas as expressões desta lição são utilizáveis em todas as circunstâncias. Existem algumas que só podem ser usadas com substantivos contáveis. Para ilustrar isso, vamos usar as palavras *people* ("pessoas") e *money* ("dinheiro"). Dinheiro não é uma palavra contável. (Não se pode dizer "um dinheiro, dois dinheiros, três dinheiros" etc.). Por outro lado, a palavra "pessoa", *people* em inglês, é sim uma palavra que é possivel se contar ("uma pessoa, duas pessoas" etc.).

Em inglês, como não existe a possibilidade de modificar gênero ou número de um advérbio como em português, usam-se palavras específicas para isto. Por exemplo, a palavra *many* é usada para falar de substantivos contáveis ("*many people*") e *much* é usada para os não contáveis ("*much money*").

No exercício a seguir, organize as expressões de acordo com sua contabilidade.

a few   around five   a little   a large sum of   an enormous amount of
not very much   not many   billions of

people	money
not many	______
______	______
______	______
______	______
______	______

REPARE Algumas expressões servem para os dois casos:

people/money
some
a lot of
tons of
all kinds of
a bunch of

EXERCISE 2 Vague trivia
Coloque um *X* na resposta gramaticamente incorreta.

1. How much money does the president of Brazil make? (*Quanto é que ganha o presidente do Brasil?*)
   a. Not very much. b. A lot. c. A large sum of money. d. Few.
2. How many tourists visit Rio de Janeiro each year? (*Quantos turistas vêm ao Rio de Janeiro a cada ano?*)
   a. Millions. b. Just a little. c. Tons. d. Many.
3. How much does it cost to insure a new Ferrari in Brazil? (*Quanto é para fazer o seguro de uma Ferrari nova no Brasil?*)
   a. It's something ridiculous like $10,000 b. Around $25,000 c. Not many. d. Not much
4. How many honest politicians are there in Brazil? (*Quantos políticos honestos há no Brasil?*)
   a. Not very much. b. Not very many. c. Like two. d. Very few
5. Does it rain much in São Paulo? (*Chove muito em São Paulo?*)
   a. Yes, quite a bit. b. Just a little c. An enormous amount. d. Hundreds.

Agora circule as respostas que você daria às perguntas acima. (Não existem respostas "corretas" – vale a sua opinião.)

LISTEN AND RESPOND (*Faixa 40*)
Agora, ao ser perguntado, responda usando as respostas que já marcou acima.

ACTIVITY Conversation Practice
Faça uma encenação com outra pessoa (ou pessoas). Escolhe entre as seguintes alternativas:
- Um político que não quer falar muito sobre quanto vai custar a construção do novo aeroporto.
- Um ladrão que, pego pela polícia, não quer entrar em detalhes sobre o crime.

LESSON 19

Provérbios 1
Proverbs 1

Embora muitas vezes um provérbio seja uma manifestação da filosofia de uma cultura específica, há alguns em português que se repetem em inglês também (e, em alguns casos, em várias outras línguas). Então, nesta lição, praticamos este tipo de provérbio por terem versões similares nas duas línguas, e por serem muito comuns.

LISTEN AND REPEAT Escute e repita as seguintes frases em inglês. *(Faixa 41)*

As aparências enganam.	Looks can be deceiving.
A cavalo dado não se olham os dentes.	Don't look a gift horse in the mouth.
A galinha do vizinho é sempre mais gorda.	The grass is always greener on the other side.
A pressa é inimiga da perfeição.	Haste makes waste.
Amanhã é outro dia.	Tomorrow's a new day.
Antes tarde que nunca.	Better late than never.
É melhor prevenir do que remediar.	Better safe than sorry.
Há males que vêm para o bem.	Every cloud has a silver lining.
Não adianta chorar o leite derramado.	No use crying over spilt milk.
Não deixe para amanhã o que você pode fazer hoje.	Don't leave for tomorrow what you can do today.
Não faça com os outros o que não quer que façam a você.	Do unto others as you would have done to you.
Nunca diga nunca.	Never say never.
Não cuspa no prato em que comeu.	Don't bite the hand that feeds you.
A prática leva à perfeição.	Practice makes perfect.
Ver para crer.	Seeing is believing.
Se quiser bem feito faça você mesmo.	If you want something done right, you have to do it yourself.
Duas cabeças pensam melhor do que uma.	Two heads are better than one.
Falar é fácil.	Talk is cheap.

EXERCISE 1

Tente terminar os seguintes provérbios sem olhar à página anterior.

Looks can be ____________.
Don't look a gift horse in the ________.
The grass is always greener on the other ______.
Haste makes ___________.
Tomorrow's a new ________.
Better late than _________.
Better be safe than ____________.

Every cloud has a silver ____________.
No use crying over spilt ________.

Don't leave for tomorrow what you can do ______.
Do unto others as you would have done to______.
Never say _______.
Don't bite the hand that _______ _______.
Practice makes ________.
Seeing is _________.
If you want something done right, you have to do it __________.
Two heads are better than _______.
Talk is ________.

LISTEN AND RESPOND (*Faixa 42*)

Agora complete os provérbios que ouvir. (Os provérbios serão falados em ordem aleatória.)

EXERCISE 2

Escreva um provérbio abaixo de casa desenho

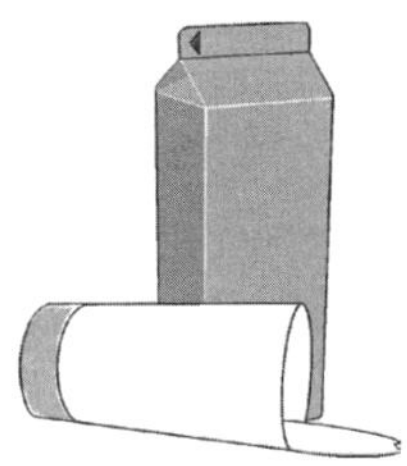

1. . . . . 2. . . . . 3. . . . . 4. . . . .

EXERCISE 3

Combine uma resposta do lado direito com o que foi dito no lado esquerdo.

1. I think I'll never learn English!
2. I had a terrible day today.
3. Sorry I'm late!
4. I'll finish it tomorrow.
5. She appears innocent.

a. Beter late than never.
b. Don't leave for tomorrow what you can do today.
c. Never say never.
d. Looks can be deceiving.
e. Tomorrow's a new day.

ACTIVITY Conversation Practice

Tente fazer que seu companheiro diga o provérbio que você interpretar só usando mímica.

LESSON 20

Contando histórias
Storytelling

Existem fórmulas especiais para contar uma história ou até uma piada. Por exemplo, em inglês usa-se muito o *this* e *these* para descrever pessoas e objetos enquanto está se contando uma história. Por exemplo, seria mais comum falar *There was this car parked in my space* do que *There was a car parked in my space.* Veja mais expressões a seguir.

LISTEN AND REPEAT Escute e repita as seguintes frases em inglês. *(Faixa 43)*

Um dia desses...	The other day...
Eu estava em...	I was in/at...
Estava a caminho de...	I was on my way to...
Estava voltando de...	I was coming back from...
Eu tinha acabado de...	I had just...
Havia um...	There was this...
Percebi...	I noticed...
Então eu...	And so I...
E então...	So then...
Então eu disse...	So I said...
Aí o cara/a mulher disse...	And this guy/woman said...
Aí o cara/a mulher fez...	And this guy/woman goes...
Nisso...	Just then...
E de repente...	And suddenly...
Do nada...	From out of nowhere...
Aconteceu tão rápido.	It happened so fast.
Na hora eu...	At the time I...
E aí, então, me toquei (de que as chaves estavam no carro).	And then it hit me: (my keys were in the car).
Eu não acreditei.	I couldn't believe it.
Eu juro por Deus...	I swear to God...
E pensei,...	And I thought: ...
E por algum motivo...	And for some reason...
Dá para acreditar?	Can you believe that?
Acontece que...	It turns out that...
O pior é..	The worst part is...
E para piorar...	To make matter worse...
Em cima disso...	Then on top of that...
Então, finalmente...	So, finally...
No final...	In the end...

LISTENING A funny story (*Faixa 44*)

Escute a uma história e coloque os desenhos em uma ordem lógica, colocando números abaixo de cada um. (O primeiro já feito para você.)

.... 1 ....

EXERCISE O seguinte texto é a história que você acabou de ouvir no *Listening*. Coloque uma expressão em cada espaço.

washed my car — To make matters worse — I noticed — Just then my cell phone rings — So I said — I felt terrible — And then it hit me: — Can you believe that? — I was in my car — and so I looked — and I went back to the car wash

The other day 1. *I was in my car* on my way to work and I had just 2.______________ and suddenly 3. __________ there was this smell 4. _____________ and there was this rat in my car 5. _______________ And so I killed it, of course 6. ________________________ and this guy says, "Is there a problem?" 7. _________________ "Yeah, there's a problem! There's a rat in my car!" 8. _____________________ it was my son, Danny and he says, "Dad, have you seen my hamster?" 9. _________________the rat was Danny's pet 10. ______________it was Danny's birthday 11.________________

Agora pratique você. Leia o texto acima como se estivesse contando uma história.

CONVERSATION PRACTICE

1. Agora prepare uma história a ser contada. (Pode usar português para começar.) Use as perguntas a seguir para lhe ajudar.
   Você estava onde quando aconteceu?
   ....
   O que você estava fazendo lá?
   ....
   O que aconteceu e como foi que aconteceu?
   ....
   Qual foi a sua reação?
   ....
   E no final?
   ....
2. Agora escreva esses acontecimentos em inglês.
3. Conecte as ideias usando expressões desta lição.
4. Agora conte a história para uma ou várias pessoas, e escute a história dela(s).

LESSON 21

Quando faltam as palavras
Difficult explanations

Mesmo pessoas com muita fluência na língua (ou até falando em português) nem sempre têm as palavras perfeitas na ponta da língua. Quando faltam as palavras, é bom ter outras palavras e expressões para substituí-las, ou pelo menos para não parar no meio da conversa e ficar mudo, causando constrangimento. Não saber todas as palavras é normal e inevitável. Evitável é ficar sem nada para dizer.

LISTEN AND REPEAT Escute e repita as seguintes frases em inglês. *(Faixa 45)*

Deixe-me ver...	Let me see...
Deixe-me pensar...	Let me think...
É difícil falar...	It's hard to say...
Como é que eu posso explicar?	How can I explain it?
Não dá muito para explicar/descrever.	It's kind of hard to explain/describe.
É meio...	It's kind of...
É mais ou menos [verde]...	It's [green]-ish.
É um [amarelo] [esverde]ado.	It's [green]ish [yellow].
sabe...	you know...
É tipo...	It's like...
Sei lá...	I don't know...
Não sei bem a palavra/expressão em inglês.	I don't know the word/expression in English.
Acho que não tem equivalente em inglês/seu país.	I think you don't really have an equivalent in English/your country.
...na falta de outra palavra.	...for lack of a better word.
...mais ou menos isso.	...something like that.
Algo como...	Something like...
Qual é a palavra mesmo...	What's the word I'm looking for...
Não sei como descrever isso...	I don't know how to describe it...
É uma história meio longa.	It's kind of a long story.
...ou sei lá.	...or whatever.
Isso me lembra (mais ou menos)...	It (kind of) reminds me of...

ORGANIZE
Coloque as expressões acima nas duas categorias.

Buying time[1]	Attempting a description[2]

[1] Pensando [2] Tentando descrever

EXERCISE Um amigo estrangeiro pede para você explicar algumas coisas típicas (incluindo palavras) que ele não consegue entender. Abaixo, escreva a coisa que está sendo descrita junto com a descrição. (O primeiro já foi feito para você como exemplo.)

guaraná saudades axé music cara de pau sertaneja history of Brazil

1. It's kind of a long story, really *history of Brazil*.
2. Let me see... It's kind of hard to describe. It's kind of sweet... It kind of reminds me of Lemon Coke. __________________
3. Let me think. You know samba? Well, it's something like samba but not exactly. I don't know how to describe it. __________________
4. Well, it's like, someone who is very courageous, or whatever, for lack of a better word... __________________
5. How can I explain it? You know country music, well, it's something like that – but not exactly. __________________
6. It's like, well, I don't know the word in English, it's kind of.... What's the word I'm looking for? Um, for lack of a better word, it's like missing, a "missing" feeling. I think you don't really have an equivalent in English. __________________

ACTIVITY Conversation Practice
Escolhe um dos tópicos a seguir e escreva uma descrição. Depois, fale essa descrição para um amigo e escute a descrição dele.

1. Describe the color of your kitchen.
2. Describe an exotic food you have eaten.
3. Do you have a special talent? How do you do it?
4. How would you explain *feijoada* to a foreigner?

LESSON 22

Chegando ao assunto
Making a point

O português tem uma palavra muito útil para chegar direitamente ao assunto no início de uma conversa: *seguinte*. A tradução em inglês desta palavra seria *the following*, o que se fala em outras situações mais formais e que ficaria estranho na mesma posição. Em inglês, então, simplesmente chega-se ao assunto (às vezes com um *OK*, ...) no início de uma conversa sem outras introduções. Eis aqui algumas expressões para chegar ao assunto no meio da conversa e para as quais existem equivalentes nas duas línguas.

LISTEN AND REPEAT Escute e repita as seguintes frases em inglês. *(Faixa 46)*

Bem, ...	So, ...
Bom, enfim....	Anyway,...
A questão é...	The point is...
O mais importante é...	The main thing is...
A questão principal é...	The bottom line is...
Esse é o "x" da questão.	That's the bottom line...
O que interessa é...	What it all comes down to is...
O que interessa é o seguinte: ...	What it all comes down to is this: ...
O que interessa é...	It all comes down to...
No final...	In the end...
A questão é...	The fact is...
O que importa mesmo aqui é...	What we're really talking about here is...
A questão aqui é...	The real issue here is...
A questão é a seguinte: ...	Here's the thing: ...
"Mas é aí que tá"	But that's the thing
O que eu sei é que...	All I know is...
O que estou dizendo é que...	What I'm saying is...
O que estou querendo dizer é que...	I guess what I'm saying is...
Eu só estou querendo dizer que...	All I'm saying is...
Não importa como você enxerga isto...	No matter how you look at it...

EXERCISE 1

Marque (☑) em todas as combinações possíveis a seguir.

☐	The point is...	
☐	The main thing is...	
☐	The bottom line is...	
☐	What it all comes down to is...	
☐	What it all comes down to is this:	
☐	It all comes down to...	
☐	In the end...	
☐	The fact is...	**money**
☐	What we're really talking about here is...	
☐	The real issue here is...	
☐	Here's the thing: ...	
☐	All I know is...	
☐	What I'm saying is...	
☐	No matter how you look at it...	
☐	Anyway, ...	

NOTICE

Algumas das expressões seguem o mesmo padrão, o qual ajuda ao tentar decorá-las. Observe:

	point	
	fact	
The	**main thing**	**is...**
	bottom line	
	real issue here	

Agora ouça e repita o padrão.
(*Faixa* 47)

LISTENING AND SPEAKING 1

Use o modelo para produzir frases. Por exemplo:
(*Faixa 48*)

1.	point	we need a new president

Você fala: The point is we need a new president.

1.	point	we need a new president
2.	main thing	business is up
3.	real issue here	how do we solve the problem?
4.	fact	we have no money
5.	bottom line	there is hope

LISTENING AND SPEAKING 2

Agora escute os discursos e, no sinal, fale uma das frases acima que pontuará a chegada ao assunto principal.
(*Faixa 49*)

EXERCISE 2

A seguir tem, ao lado direito, a continuação da colocação do lado esquerdo. Coloque uma letra junto com um número abaixo.

1. Anyway, the point is we need a new president.
2. So, the main thing is business is up.
3. Anyway, the real issue here is, how do we solve the problem?
4. So, the fact is we have no money.
5. Anyway, the bottom line is there is hope.

a. I guess what I'm saying is, we need to get jobs.
b. And in the end, hope is all we need.
c. All I'm saying is, this situation requires immediate attention.
d. What it all comes down to is this: inflation and unemployment.
e. No matter how you look at it, the company is doing better.

CONVERSATION PRACTICE

Abaixo temos algumas posições sobre temas polêmicos. Prepare algumas palavras sobre uma delas e defenda sua posição. Use expressões desta lição.

1. Experience is more valuable than education.
2. Marriage is a ritual whose time has passed.
3. War is sometimes necessary.
4. College is not for everyone.
5. Drugs should be legalized.
6. Women are not equal to men.
7. Children should learn English from the first year of school.

LESSON 23

Mostrando que está ouvindo
Showing you are listening

Cuidado na hora de ouvir e reagir à fala de uma pessoa em inglês. Primeiro, não fale muito "Sei" em inglês (*I know*) porque soa mais parecido com "Já sei" em português. Outra coisa importante é não ficar fazendo muitos sons durante a fala da pessoa. O "é" em português soa muito estranho para uma pessoa que não fala português. O melhor é se limitar às "palavras" abaixo para mostrar que você está ouvindo.

LISTEN AND REPEAT Escute e repita as seguintes frases em inglês. *(Faixa 50)*

Mm-hmm.	Mm-hmm.
Isso.	Yeah.
Sei.	I see.
É verdade.	That's true.
Certo.	Right.
Tá bom.	OK.
Claro.	Sure.
É mesmo?	Oh, really?
Ah, é?	Oh yeah?
Interessante.	Interesting.
Mmm.	Hmm.
Que ótimo.	Great.
Legal.	Nice.
De verdade?	Really?
Sério?	Are you serious?

EXERCISE Um amigo está com problemas no seu computador. Selecione as reações mais adequadas às queixas dele.

1. I'm having problems with my computer.	That's true.	☐
	Oh yeah?	☐
2. Yeah. It's probably a virus.	Right.	☐
	Interesting.	☐
3. But my anti-virus software can't find it.	Hmm.	☐
	Nice.	☐
4. I think I'm going to have to restart the whole system.	OK.	☐
	Yeah.	☐

LISTENING AND SPEAKING (*Faixa 51*)
Escute e marque a expressão mais adequada.

1.	a. Oh, really?	b. OK.
2.	a. Right.	b. Hmm.
3.	a. Great.	b. I see.
4.	a. Right.	b. Interesting.
5.	a. Really?	b. Mm-hmm.
6.	a. Great.	b. Are you serious?

Agora escute a conversa por inteiro para conferir suas escolhas.
(*Faixa 52*)

Agora escute a mulher falando novamente, e desta vez fale as expressões que mostram que você está ouvindo.
(*Faixa 53*)

LISTENING What are they talking about?
(Faixa 54)
Você vai ouvir um lado de uma conversa ao telefone. Conecte o número da conversa com o provável tema da ligação. (Um tema está sobrando.)

CONVERSATION 1	FLIRTATION
CONVERSATION 2	GOOD NEWS
CONVERSATION 3	BUSINESS
	BAD NEWS

CONVERSATION PRACTICE Um amigo vai conversar com você sobre algumas banalidades (o tempo, esporte, cinema etc.), mas você está procurando um documento importante (como passaporte ou talão de cheques) e não tem tempo para ouvi-lo – mas, ao mesmo tempo, não quer ofendê-lo e tenta mostrar-lhe que está ouvindo. *Use as expressões praticadas nesta lição.*

---

[1] Do que estão falando?
[2] Paquera.

LESSON 24

Terminando uma conversa
Ending a conversation

Tentar terminar uma conversa nem sempre é uma tarefa fácil. Se isso já é difícil de se fazer na sua língua materna, em uma língua estrangeira, então, é ainda mais complicado. Por isso criou-se esta seção no livro para tentar evitar constragimentos. Pois o que costuma acontecer é a pessoa ficar sem aqueles "sinais" na segunda língua – recurso que tem na ponta da língua em português – que alerta a outra pessoa que está querendo terminar. Aí o que acontece é que a outra pessoa fica com a impressão de que você realmente está com pressa de dar fim à conversa. Por isso, especialmente em uma situação onde tem muitas pessoas reunidas, como numa festa ou reunião de negócios, não se pode simplesmente falar "goodbye" – soa muito abrupto. Eis aqui algumas alternativas.

LISTEN AND REPEAT Escute e repita as seguintes frases em inglês.
(Faixa 55)

Foi muito bom conversar com você.	Well, it was really nice talking to you.
Qual é seu nome mesmo?	What was your name again?
Bom, eu já tenho que ir.	Well, I have to go.
Escuta, eu tenho que dar uma palavrinha com algumas pessoas ali. Gostei de falar com você.	Listen, I have to talk to some people over there. It was nice talking to you.
Olha, vou dar um oi para meu amigo ali, tá bom? Até já.	Listen, I'm going to say hi to a friend of mine over there. I'll see you later, OK?
Sabe onde é o banheiro?	Do you know where the bathroom is?
Nossa. Olha que horas são.	Wow. Is that the time?
Vamos combinar alguma coisa.	We should get together some time.
Vamos marcar para sair qualquer dia.	Maybe we can get together some time.
Como eu faço para encontrar você?	How can I get in touch with you?
Você tem um cartão?	Do you have a card?
Qual é o seu e-mail?	What's your e-mail?
Me ligue a qualquer hora.	Give me a call some time.
Posso te ligar uma hora dessas?	Can I give you a call some time?

ORGANIZE
Coloque as expressões dentro das diferentes seções abaixo.

Obligations[1]	Invitations[2]	Asking for information[3]
Well, I have to go		

[1] *Obrigações* [2] *Convites* [3] *Pedindo informação*

REPARE Uma palavra útil e que sinaliza que você quer terminar uma conversa é a palavra *well* : *Well, I have to go.*

EXERCISE
Escreva nas linhas abaixo uma frase que antecederia a resposta à direita.

1. ______________________________ Nice talking to you, too.
2. ______________________________ Victor.
3. ______________________________ Sure. That would be nice.
4. ______________________________ Well, let me give you my card.

LISTENING Want to end?
(*Faixa 56*)
Escute as conversas. A pessoa está querendo dar fim à conversa ou não? (Circule YES ou NO.)

1. YES NO
2. YES NO
3. YES NO
4. YES NO
5. YES NO

ACTIVITY Conversation Practice
Converse com um parceiro em inglês durante 60 segundos. Quando chegarem a um minuto de conversação, tente terminar usando as expressões deste capítulo.

CUIDADO Não diga *goodbye* nesta situação. Soa melhor, principalmente em situações menos formais, dizer *see you*.

LESSON 25

Novidades
News

É interessante como nós, em todos os idiomas, nos valemos de uma grande variedade de recursos linguísticos para preparar o interlocutor para aquilo que nós ainda vamos dizer. Nesta seção, você vai treinar essa habilidade, especialmente ao dar boas e más notícias.

LISTEN AND REPEAT Escute e repita as seguintes frases em inglês. *(Faixa 57)*

Alguma novidade?	So, what's new?
Você tem notícias de...?	Do you have any news about...?
Alguma novidade sobre...?	Have you heard anything about...?
Tenho novidades.	I have some good news.
Boas novas!	Good news!
Ah, adivinhe!	Guess what?
Nossa, que ótimo!	Oh, that's great!
Fico contente.	I'm glad to hear that.
Parabéns!	Congratulations!
(Tenho) más notícias.	(I have) bad news.
Lamento dizer...	I'm sorry to say...
Sinto muito em lhe dizer...	I hate to tell you this, but...
Gostaria de poder lhe dar boas notícias.	I wish I had better news for you.
Odeio ter de lhe dizer isso.	I hate to be the one to give you the news.
Ah, não.	Oh no!
Você está brincando!	You're kidding! *(também serve para reagir a boa notícia)*
Sinto muito.	I'm sorry to hear that.

ORGANIZE

Organize as expressões, colocando-as dentro das seções a seguir.

Asking for news[1]
So, what's new?

Giving good news[2]

Giving bad news[3]

Reacting to good news[4]

Reacting to bad news[5]

[1] Querendo saber de novidades
[2] Dando boas notícias
[3] Dando más notícias
[4] Reagindo a boas notícias
[5] Reagindo a más notícias

VOCABULARY Em cada espaço, escreva o contrário da expressão à esquerda.

fail   get fired   get divorced   lose

1. get married ⇔ get divorced
2. get a job ⇔ ______________
3. win ⇔ ______________
4. pass the test ⇔ ______________

EXERCISE Combine as notícias à esquerda com uma reação à direita. (O primeiro já foi feito para você como exemplo.)

1. I got the job.
2. Sandy and I are getting a divorce.
3. I won.
4. I got fired.
5. My son is getting married.
6. I passed.

a. Oh, that's great!

b. Oh no!

LISTENING Good or bad news?
Escute as novidades dadas e decida se são boas ou ruins, e circule a resposta correta.
(Faixa 58)

1. ☺ 😐
2. ☺ 😐
3. ☺ 😐
4. ☺ 😐
5. ☺ 😐

CONVERSATION PRACTICE Organize as seguintes expressões dentro das duas colunas. (Pode usar um dicionário ou pedir ajuda ao professor.) Depois, dê boas e más notícias a um companheiro e ele vai dar as suas reações. Alterne quem dá e quem reage às notícias.

get sick   get married   get divorced   get a raise   get the contract   get a promotion
get replaced   get a speeding ticket   get a new car   get a second chance

Good events	Bad events

Exemplo:

LESSON 26

Surpresa e o previsível
Surprise and predictability

Esta lição trabalha a habilidade de mostrar que você está surpreendido com uma notícia, e também, talvez ainda mais útil, como mostrar que aquela notícia não surpreende em nada. Este último tipo de reação também serve para mostrar empatia.

LISTEN AND REPEAT Escute e repita as seguintes frases em inglês.
(Faixa 59)

Surpresa	**Surprise**
Nossa!	Wow!
Meu Deus!	Oh my God!
Jura?	You're kidding!
Não acredito!	No way!
Está falando sério?	Are you serious?
Está brincando!	You're joking!
Não dá para acreditar!	I can't believe it!
Mesmo?	Really?
Quem diria?	Who would've thought?
Tem certeza?	Are you sure?

O previsível	**The predictable**
Tinha que ser.	Figures.
Tinha certeza.	I thought so.
Eu sabia.	I knew it.
Claro.	Of course.
Típico.	Typical.
É sempre assim.	Never fails.
Já era de se esperar.	It was to be expected.
Não me surpreende.	I'm not surprised. / Why am I not surprised?
Quem mais?	Who else?
Como sempre. / Para variar.	As usual.
Eu já deveria saber, né?	I should've known.
Era disso que eu tinha medo.	I was afraid of that.
(E) não deu outra...	(And) sure enough...

LISTENING SURPRISE OR NO SURPRISE?
(*Faixa 60*)

Você vai ouvir diferentes reações – algumas de surpresa e outras não. Circule a reação que escutar.

1. SURPRISE NO SURPRISE
2. SURPRISE NO SURPRISE
3. SURPRISE NO SURPRISE
4. SURPRISE NO SURPRISE
5. SURPRISE NO SURPRISE
6. SURPRISE NO SURPRISE

EXERCISE Cada uma das expressões abaixo contém um erro. Tente corrigi-las sem olhar a página à esquerda. (O primeiro foi feito para você como exemplo.)

1. I ~~could've~~ known. (should've)
2. You kidding!
3. Who more?
4. I was scared of that.
5. I can't believe!
6. I know it.

ACTIVITY Headlines

Escreva uma reação de surpresa ou não surepresa a cada manchete. Use as expressões desta lição. (Pode usar um dicionário se quiser ou pedir ajuda ao professor.)

Exemplo:

Schwarzenegger becomes president of USA

Wow!

United States declares war on Canada	**Major earthquake hits São Paulo**
....	....
Brazil senator stole millions	**Tony Ramos to star in new television drama**
....	....
Ricky Martin admits homosexuality	**Rain expected for holiday weekend**
....	....
Madonna to marry Britney Spears	**Teenager responsible for computer virus**
....	....
Inflation up again	**Bill Gates files bankruptcy**
....	....

CONVERSATION PRACTICE 1 Agore escute as manchetes faladas pelo seu parceiro e reaja usando as expressões que escreveu acima.

CONVERSATION PRACTICE 2 Invente algumas manchetes e diga ao seu companheiro que fará o mesmo, e reaja usando expressões desta lição.

LESSON 27

Sendo vago 2 – tempo
Being vague 2 – time

Como foi explicado na Lição 18, poder falar sem ter que pensar muito é um dos ingredientes imprescidíveis para atingir fluência em qualquer idioma. Um dos elementos linguísticos que facilita isso é o poder ser vago, ou seja, poder falar sem ser muito exato.

LISTEN AND REPEAT Escute e repita as seguintes frases em inglês.
(Faixa 61)

(Por) um tempo	(For) a while
Um tempão/Um tempinho	Quite a while
Por algum tempo	For some time
Já faz um tempo	For some time now
Muito tempo	A long time
Algum tempo atrás	A long time ago
Faz muito tempo que...	It's been a long time since....
Outro dia	The other day
Não faz muito tempo...	Not too long ago...
Há alguns dias...	Some days ago...
Recentemente...	Recently...
Mais para frente / Daqui a algum tempo	Sometime in the future
A qualquer momento	At any moment
A qualquer hora	Any time now
A qualquer dia	Any day now
Esses dias	These days
Algum dia	Some day
Um dia desses...	One of these days
Qualquer dia [na semana que vem]	Sometime [next week]
Uma hora dessas	sometime
Às vezes	sometimes
De vez em quando	Once in a while
O tempo todo	All the time

ORGANIZE
Organize as expressões, colocando-as dentro das categorias as seguir.

Past	Present	Future	Duration	Frequency
a long time ago				

EXERCISE
Combine um pensamento preciso com um comentário falado vago.

1. I was a teacher in 1968.
2. I was a teacher from 1992 to 1994
3. I was a teacher from 1968 to 1989.
4. I was a teacher two years ago.
5. I was a teacher in 1968 and have continued until the present time.

a. "I was a teacher for a while."
b. "I was a teacher not too long time ago."
c. "I was a teacher a long time ago."
d. "I've been a teacher for some time now."
e. "I was a teacher for quite a while."

LISTENING Past or Future?
(Faixa 62)
Estas pessoas estão falando do passado ou do futuro? Circule a resposta correta.

1.	PAST	FUTURE
2.	PAST	FUTURE
3.	PAST	FUTURE
4.	PAST	FUTURE
5.	PAST	FUTURE
6.	PAST	FUTURE

ACTIVITY 1 Personalize
Preencha as seguintes expressões com informações pertinentes à sua realidade.

I have ____________________ for some time now.
Recently, I ____________________
The other day, I ____________________________
Once in a while, I __________________________
One of these days, I'm going to ____________________
I am going to __________________________ sometime in the future.
These days, I __________________________________
I ______________________________ all the time.
Sometime next year, I'm going to ________________________
Any day now, Brazil is going to __________________________
It's been a long time since I ___________________________________
Someday I'm going to ______________________________________

ACTIVITY 2 Conversation Practice
Mostre o que você escreveu para um amigo e ele vai mostrar o que ele escreveu para você. Vocês têm coisas em comum?

LESSON 28

Convites
Invitations

Esta seção insina a fazer convites em situações formais e informais. Outra seção relevante a esta é a Lição 29 – "Combinando um lugar", na página 72.

LISTEN AND REPEAT Escute e repita as seguintes frases em inglês.
(Faixa 63)

Vai ter [uma festa]...	There's going to be [a party]...
Tem um [sushi bar que abriu agora].	There's a [sushi bar that just opened].
Vou [ao cinema] (na sexta-feira).	I'm going [to the movies] (on Friday).
Você gostaria de [ir ao cinema]?	Would you like to [go to the movies]?
Você gostaria de vir?	Would you like to come?
Adoraria que viesse.	I would love for you to come.
Por que não vem?	Why don't you come?
Você pode trazer alguém, se quiser.	You can invite a friend, too, if you want.
Traga o [John].	Bring [John].
...ou também nós poderíamos [ir a um bar].	...or we could [go to a bar].
Você que sabe.	It's up to you.
Claro.	Sure.
Parece legal.	Sounds good.
Não perderia isso por nada.	I wouldn't miss it for the world.
A que horas?	What time?
O que eu devo trazer?	What should I bring?
Que roupa é para usar?	What should I wear?
Posso trazer um amigo?	Do you mind if I bring a friend?
Me desculpe, mas não dá. Tenho que...	Sorry, I can't. I have to...
Adoraria, mas [tenho que estudar].	I'd love to, but [I have to study].
Bem que eu queria.	I wish I could.
Quem sabe na próxima.	Maybe some other time.
Deixa para a próxima.	Maybe next time.
Se tivesse me dito antes...	I wish you had told me sooner.
Se fosse outra hora eu iria, mas [hoje não dá].	Any other time I would, but [today I can't].

ORGANIZE

Organize as expressões, colocando-as dentro das categorias as seguir.

Inviting
There's going to be a party

Accepting	Declining

NOTICE

Repare como é útil a palavra *would* nesta situação.

Would you like to go dancing?
I **would** love for you to come.
I **would**n't miss it for the world.
I **would** love to, but...
Any other time I **would**, but...

VOCABULARY

Combine a palavra à esquerda com o símbolo que a representa à direita.

Go

dancing ________

skiing ________

swimming ________

bowling ________

LISTENING AND SPEAKING
(*Faixa 64*)

Você vai receber convites. Olhe no seu calendário e aceite ou recuse os convites. Por exemplo, você ouve:

Áudio: *Would you like to go dancing on Tuesday?*

E você olha nesse dia no calendário...

MONDAY	TUESDAY
	**go to the doctor**
TIME:	

...e fala:

Você: Sorry, I can't. I have to go to the doctor.

Aí você ouve a alternativa:

Áudio: *Oh. That's too bad. What about Monday?*

E se esse dia estiver livre (como está nesse exemplo), você circula a atividade e combina um horário:

Você: Sure. What time?

Áudio: Ten-thirty.

Finalmente, você anota o horário combinado.

MONDAY	TUESDAY
	**go to the doctor**
TIME: **10:30**	

MONDAY	TUESDAY	WEDNESDAY	THURSDAY	FRIDAY	SATURDAY	SUNDAY
	**go to the dentist**		**study for a big test**		**work all day**	
TIME:		TIME:		TIME:		TIME:

ACTIVITY Conversation Practice
Crie um calendário com dois dias ocupados com atividades que proibem que você possa sair nesses dias. Depois, escreva em outros dois dias duas diferentes atividades que você gostaria de fazer, e convide um amigo para vir junto. Se ele recusar, ofereça algum outro dia, e se aceitar, anote o horário combinado no calendário.

MONDAY	TUESDAY	WEDNESDAY	THURSDAY	FRIDAY	SATURDAY	SUNDAY
TIME:	TIME:	TIME:	TIME:	TIME:	TIME:	TIME:

LESSON 29

Combinando um lugar
Deciding where to meet

Depois de aceitar o convite para sair (Lição 28), é provável que se combine um lugar para a reunião. Isso envolve, normalmente, decidir onde e quando se encontrar. Lembre-se de que as horas em inglês se falam em termos de AM (manhã) e PM (tarde). Ou seja, quando você convida uma pessoa que fala inglês para um jantar às 18 horas, fale "six o'clock" e não "eighteen hours".

LISTEN AND REPEAT Escute e repita as seguintes frases em inglês. *(Faixa 65)*

Onde a gente se encontra?	So where do we meet?
Que tal (seu hotel)?	How about [your hotel]?
Pode ser. A que horas?	Sure. What time?
Deixe-me ver...	Let's see...
[8:30] está bom?	How about [8:30]?
Posso buscá-lo (no seu hotel).	I can pick you up (at your hotel).
Que horas posso buscar você?	What time can I pick you up?
Você gostaria de me encontrar (no meu escritório)?	Would you like to meet me (at my office)?
Você que sabe.	It's up to you.
O que for melhor para você.	Whatever's best for you.
Onde você quiser.	Wherever you want.
Você pode me explicar como chegar lá?	Can you tell me how to get there? *(veja página 74 'Explicando o caminho')*
Você quer que lhe explique o caminho?	Do you need directions?
Você conhece [a Market Street]?	Do you know [Market Street]?
Nós poderíamos nos encontrar aí/lá.	We could meet there.
Vamos fazer o seguinte: ...	How about this: ...
Eu te busco (no seu hotel) às [8:30].	I'll meet you (at your hotel) at [8:30].
Que tal?	How's that?
Tá bom. / Tá ótimo. / Perfeito.	OK. / Sounds good. / Perfect.
[9:00] seria melhor, na verdade.	[9:00] would be better, actually.
Então, a gente se vê [às 9:00].	So, I'll see you [at 9:00].
Me avise se houver alguma mudança.	If anything changes just let me know.
Se por algum motivo você não puder, me dê uma ligada.	If for some reason you can't make it just give me a call.

EXERCISE Marque somente as respostas possíveis. (Sempre tem uma que está errada.)

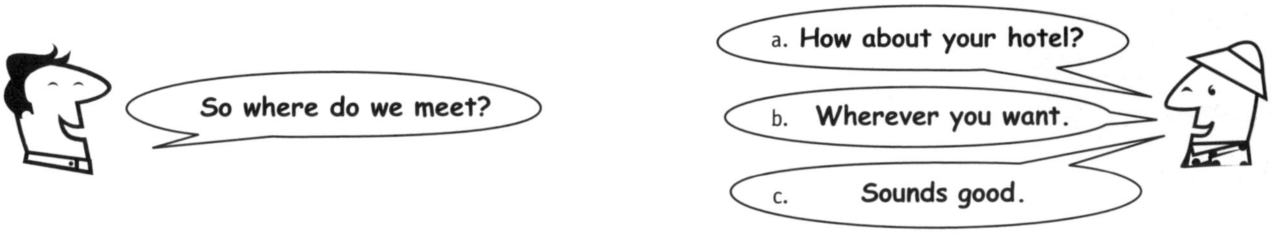

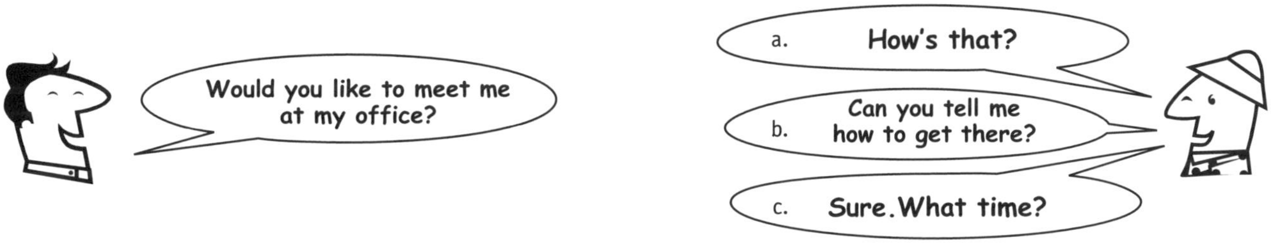

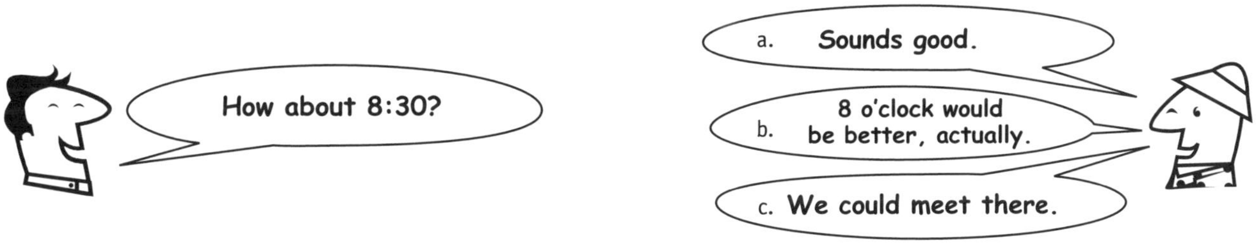

LISTENING AND SPEAKING
(Faixa 66)

Escute e marque a resposta correta.

1.	a. It's up to you.	b. How's that?
2.	a. How about six o'clock?	b. Wherever you want.
3.	a. We could meet there.	b. Sounds good.
4.	a. Whatever's best for you.	b. Where do we meet?
5.	a. What time can I pick you up?	b. So I'll see you at six o'clock.

Agora escute de novo e, desta vez, fale as respostas que marcou. *(Faixa 67)*

CUIDADO Quando usar a expressão *pick up* com um pronome (*me, you, him, her, us, it*), precisa colocá-lo depois do verbo. Ou seja, o correto é *pick **you** up* e não "pick up you".

ACTIVITY Conversation Practice
Com um colega, faça uma simulação: Um amigo/colega do exterior está no Brasil pela primeira vez, e você tem a tarefa de combinar um horário com ele/ela reunir-se. Depois, faça outra simulação, sendo que desta vez é você o visitante do exterior.

LESSON 30

Explicando o caminho
Giving directions

Sem dúvida, dar e receber explicações de como chegar a um lugar é um dos atos linguísticos mais complicados que existe. Em primeiro lugar, se existem mais de cem maneiras de chegar lá, existem duzentas maneiras de explicar como chegar. Porém, ao aprender apenas algumas das expressões mais comuns, você terá mais probabilidade de entender e ser entendido.

LISTEN AND REPEAT Escute e repita as seguintes frases em inglês. *(Faixa 68)*

É fácil.	It's easy.
Saindo do [hotel]...	Leaving your [hotel]...
Pegue a [marginal Tietê] no sentido...	Take the [Tietê freeway] heading towards...
Procure as placas indicando...	Look for the signs that say...
Saia na...	Get off at...
Entre à direita/esquerda (na...)	Turn right/left (at...)
É a primeira direita/esquerda depois de...	It's the first right/left after...
Suba/desça a [Rua Canário]...	Go up/down [Canario Street]
...até chegar na...	...until you get to...
...à [Rua Cabral]	...to [Cabral Sreet]
E vai embora...	And just keep going...
Continue por [2] quarteirões...	Keep going for about [2] blocks...
Vá reto...	Go straight...
Quando chegar a...	When you get to...
Fique à esquerda/direita...	Stay to your left/right...
Procure [um supermercado]...	Look out for [a supermarket]...
Você vai passar por um...	You'll pass a....
Se chegar [num supermercado], então já passou.	If you pass [a supermarket], then you've gone too far.
Fica à sua direita/esquerda.	It'll be on your right/left.
É bem na esquina.	It's right on the corner.
Fica na (Paulista) com a (Frei Caneca).	It's on (the corner of) [Paulista] and [Frei Caneca].
A [Augusta] (depois de um tempo) vira [Estados Unidos].	[Augusta] (eventually) turns into [Estados Unidos].
É uma travessa da [23 de Maio].	It crosses [23 de Maio].
É no meio do quarteirão.	It's in the middle of the block.
É em frente ao...	It's across the street from...
É bem ao lado do...	It's right next to....
É perto de...	It's close to...
Fica entre ____ e ____	It's between ____ and ____
Não tem erro.	You can't miss it.
Se tiver qualquer problema, é só me ligar.	If you have any problems just give me a call.

LISTENING Directions *(Faixa 69)*
Primeiro, estude esses símbolos.

post office · your office · bank · your house · stadium
hotel · library · restaurant · theater · cinema
information center · museum · John · Mary · you are here ("você está aqui")

Agora escute as três explicações e numere a sequência correta. (Um está sobrando.)

____ John to the post office
____ Mary to your office
____ John to your house
____ Mary to the stadium

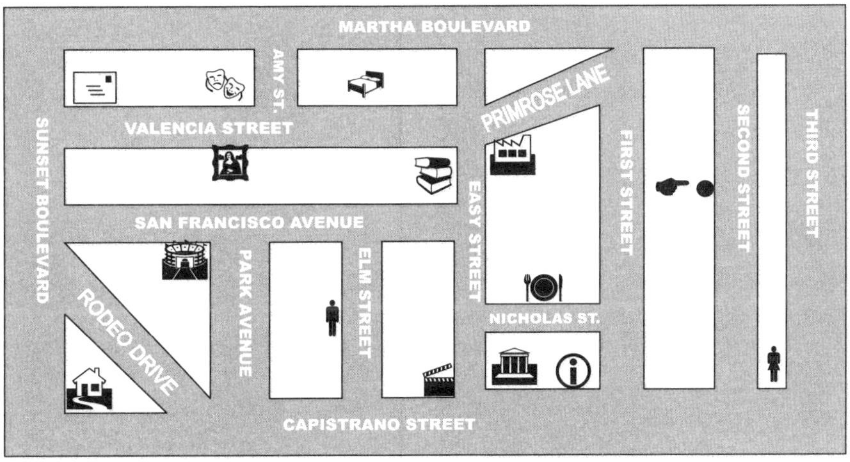

EXERCISE Escreva qual é o lugar que está sendo descrito. (O primeiro foi feito para você como exemplo.)

information center · your house · theater · cinema · Easy Street · hotel

1. ____cinema____ It's on the corner of Capistrano and Easy Street.
2. ______________ It's in the middle of the block, between Amy and Easy.
3. ______________ Just go down Sunset until you get to Capistrano Street.
4. ______________ It's right next to the bank.
5. ______________ It's the first left after the cinema.
6. ______________ It's across the street from the museum.

ACTIVITY 1 Practice
Usando o mapa acima, pergunte o caminho assim:

How do you get to ____ from ____?

1. cinema → post office 2. hotel → museum 3. stadium → bank 4. restaurant → library

ACTIVITY 2 Personalize
Escolha um ponto da sua cidade e escreva aqui como seria chegar à sua casa de lá.

....

ACTIVITY 3 Conversation Practice
Você convida seu amigo a passar em sua casa no fim de semana, mas ele não sabe chegar lá. Explique o caminha a ele.

LESSON 31

Recebendo pessoas em sua casa
Entertaining guests

Como no Brasil, é comum nas culturas britânica e norte-americana receber pessoas em casa. Normalmente o convidado tem as mesmas expectativas em todos os países. A casa é mostrada, e oferece-se comida e bebida. Encontram-se, então, nesta seção, expressões para estas funções e outras.

LISTEN AND REPEAT Escute e repita as seguintes frases em inglês. *(Faixa 70)*

Oi!	Oh, hi!
Conseguiram!	You made it!
Acharam fácil chegar aqui?	Did you have any trouble finding it?
Que bom que você(s) veio/vieram.	I'm glad you could come.
Por favor, entre(m).	Please come in!
Na repare(m) na bagunça.	Don't mind the mess.
Geralmente é mais arrumado.	It's not usually this messy.
Me dê seu (casaco).	Let me take your [coat].
Sinta-se à vontade.	Please make yourself at home.
Está/Estão com fome?	Are you hungry?
Tem certeza?	Are you sure?
Aceita alguma coisa para (beber)?	Can I get you anything to [drink]?
Que você quer (beber)?	What can I get you to [drink]?
Temos refrigerante, água, cerveja...	We have soda, water, beer...
Aceita(m) um (vinho)?	Would you like some [wine]?
Você(s) se importa(m) se eu fumar?	Do you mind if I smoke?
Venha conhecer a casa.	Let me show you around.
Sirva-se. / Podem-se servir.	Please help yourself. / Please help yourselves.

EXERCISE 1 Coloque as seguintes frases numa ordem lógica. (O primeiro já foi feito para você.)

____ What can I get you to drink?
____ Please come in.
____ Let me take your coat.
____ You made it!
____ We have Coke, beer...
__1__ Oh, hi!

EXERCISE 2 Em cada um dos balões abaixo há uma palavra que não deve estar lá. Indentifique-a e circule-a.

Let me take your...
- **coat**
- **jacket**
- **pants**
- suitcase

Would you like some...
- **wine**
- **pizza**
- **water**
- **delivery**

What can I get you to...
- **eat**
- **drink**
- **snack**
- ______

We have...
- **food**
- **beer**
- **chips**
- **ice cream**

CUIDADO *We have wine* está correto, mas *we have hamburger* está errado. Objetos contáveis precisam ser falados, neste caso, na sua forma plural.

EXERCISE 3 Escreva em cada uma das linhas à esquerda uma frase que viria antes da frase à direita.

1. ______________________ No, it was easy.
2. ______________________ No, I just ate. Thanks.
3. ______________________ No, I'm fine. Thanks.
4. ______________________ Well, OK.
5. ______________________ Just water, thanks.

LISTENING AND SPEAKING (*Faixa 71*)
Complete as frases e circule as respostas dadas.

1. ....trouble finding it?
   YES NO
2. ....hungry?
   YES NO
3. ....anything to drink?
   YES NO
4. ....sure?
   ACCEPT REJECT
5. ....OK, we have beer, wine, whisky, water...
   BEER WINE WHISKY WATER

ACTIVITY Conversation Practice
Faça uma simulação de receber um convidado em casa com um parceiro ou mais pessoas, oferecendo comida e bebida etc.

LESSON 32

Presentes
Gifts

Os passos a serem seguidos ao presentear alguém são basicamente os mesmos em quase todo o mundo. Por isso, é fácil prever algumas das frases que, inevitavelmente, irão surgir durante esse tipo de situação. As expressões a seguir são algumas delas.

LISTEN AND REPEAT Escute e repita as seguintes frases em inglês.
(Faixa 72)

Presenteando	**Giving a gift**
Comprei uma coisinha para você.	I got you a little something.
É uma surpresa.	It's a surprise.
Trouxe uma coisa para você.	I brought you something.
Espero que goste.	I hope you like it.
Acho que vai gostar.	I think you'll like it.
Que bobagem.	Don't be silly.
Eu quis.	I wanted to.
Pode abrir.	Go ahead. Open it.
Gostou?	Do you like it?
Espero que sirva.	I hope it's your size.
Se você não gostar eu posso trocar.	If you don't like it I can exchange it for you.
Achei que tinha sua cara.	When I saw it I thought of you.
Para você não se esquecer de [mim/nós].	Something to remember [me/us] by.
Que bom que você gostou.	Good. I'm glad you like it.

Recebendo	**Getting a gift**
Adoro/Detesto surpresas.	I love/hate surprises.
Posso abrir?	Can I open it?
Nossa! Obrigado.	Oh! Thank you.
Que surpresa!	What a surprise!
Que gentil.	That's so nice of you.
Ah! Legal!	Oh! Nice!
Não precisava.	You shouldn't have.
Não precisave se importar.	You didn't have to do that.
Me sinto mal.	No really. I feel bad.
Não posso aceitar isso.	Please. I can't accept this.
Por quê você fez isso?	This is too much.
Adorei o presente. Obrigado.	It's a very nice gift. Thank you.

REPARE Apesar de o verbo *gostar* neste contexto estar conjugado em sua forma pretérita em português, em inglês o equivalente é sempre expressado no presente – *like*.

EXERCISE Reescreva as expressões a seguir para colocá-las na ordem correta. A primeira palavra em cada uma está na posição correta. (Tente fazê-lo sem olhar à pagina à esquerda.)

1. This too much is ____________________
2. I like hope you it ____________________
3. I'm like glad it you ____________________
4. That's nice you so of ____________________
5. I something you brought ____________________
6. You to do have that didn't ____________________
7. If like don't you exchange can it I you for it ____________________

LISTENING Giver or receiver?
(*Faixa 73*)
Escute e decida se a pessoa que está falando está presenteando ou recebendo o presente.

1. GIVER RECEIVER
2. GIVER RECEIVER
3. GIVER RECEIVER
4. GIVER RECEIVER
5. GIVER RECEIVER
6. GIVER RECEIVER

GRAMMAR Os brasileiros têm uma tendência de não falar uma palavra que é muito importante em inglês. A seguir, insira essa palavra nas expressões. (Tente fazê-lo sem olhar à página à esquerda.)

1. Can I open? ____________________
2. Go ahead. Open. ____________________
3. Do you like? ____________________
4. I hope you like. ____________________
5. I think you'll like. ____________________
6. I'm glad you like. ____________________
7. Is a very nice gift. ____________________
8. I hope is your size. ____________________
9. When I saw I thought of you. ____________________
10. If you don't like I can exchange for you. ____________________

ACTIVITY Conversation Practice
Pegue qualquer coisa (pode ser um livro, um celular – qualquer objeto) e entregue-o como presente a um amigo. Use as expressões desta lição.

LESSON 33

Descrevendo personalidade 2
Describing personality 2

Nesta lição é possível praticar a linguagem usada para descrever a personalidade de alguém. Isto pode ser útil em várias circunstâncias. Por exemplo, quando você quer falar bem de um amigo antes de apresentá-lo, ou você menciona uma pessoa durante uma conversação e quer acrescentar mais detalhes sobre ela. As expressões abaixo também podem ser faladas diretamente a uma pessoa, elogiando-a, ou até quando você quer descrever você mesmo. Nessa última circunstância, é útil usar *I think I'm...* ("Eu acho que sou..."). O que não está incluso nesta seção são as expressões para descrever qualidades não tão positivas. Para estas frases, consulte o livro *Como dizer tudo em inglês* no Apêndice 3, "Descrevendo as pessoas" para um vocabulário específico.

LISTEN AND REPEAT Escute e repita as seguintes frases em inglês. *(Faixa 74)*

Admito quando estou errado.	I'm not afraid to admit when I'm wrong.
Não tenho medo de falar o que sinto.	I'm not afraid to speak my mind.
Ele não tem medo de falar o que sente.	He's not afraid to speak his mind.
Ela não tem medo de falar o que sente.	She's not afraid to speak her mind.
Eu/Nós/Eles não aceito/aceitamos/aceitam um não.	I/We/They don't take no for an answer.
Ele/Ela não aceita um não.	He/She doesn't take no for an answer.
Cumpro com meu dever.	I always meet my obligations.
Ele cumpre com seu dever.	He always meets his obligations.
Ela cumpre com seu dever.	She always meets her obligations.
Me mantenho atualizado.	I keep up with current events.
Aprendo/Aprende rápido.	I'm/He's/She's a fast learner.
Eu fico na minha.	I (basically) keep to myself.
Ele fica na dele.	He (basically) keeps to himself.
Ela fica na dela.	She (basically) keeps to herself.
Gosto de trabalhar em equipe.	I'm a team player.
Sou um homem/mulher de palavra.	I'm a man/woman of my word.
Gosto de tentar.	I'll try anything once.
Ele/Ela/Você tem mesmo jeito com as crianças.	He/She really has (You really have) a way with kids.
Ele/Ela/Você tem um jeito especial com as pessoas.	He/She really has (You really have) a way with people.
Ele/Ela/Você tem uma boa lábia.	He/She really has (You really have) a way with words.
Sou bem chato com (as minhas roupas).	I'm picky about (my clothes).
Sou/Ele/Ela/Você (é) bom em [decoração]	I'm/He's/She's/You're good at [decorating]

EXERCISE 1 Insira a palavra correta em cada expressão a seguir.

picky **meet** **mind** **word** **keep** **no** **himself**

1. I'm not afraid to speak my ______.
2. He doesn't take _____for an answer.
3. I always _______ my obligations.
4. I _______ up with current events.
5. He basically keeps to ________.
6. I'm a man of my _______.
7. I'm ________ about music.

GRAMMAR

Coloque o pronome correto (my, his, her, their, our) nos espaços a seguir.

1. I'm picky about _________ clothes.
2. We basically keep to _______selves.
3. They always meet _________ obligations.
4. She's not afraid to speak _________ mind.
5. He's a man of _________ word.

EXERCISE 2 Conecte uma palavra à esquerda com a versão falada dela à direita. (O primeiro já foi feito.)

intelligent	She doesn't take no for an answer.
introverted	I'm a fast learner
reliable	She's a team player.
motherly	He keeps to himself.
cooperative	He's picky.
selective	He's a man of his word.
humble	She has a way with kids.
outspoken	She's not afraid to speak her mind.
stubborn	I'm not afraid to admit when I'm wrong.

ACTIVITY 1 Agora fale uma palavra do lado esquerdo e seu parceiro dirá a frase correspondente do lado direito (sem olhar).

Exemplo

ACTIVITY 2 Selecione algumas das expressões desta lição que você acha que lhe descrevem, e anote-as. Depois, peça a um amigo para que ele também faça a mesma coisa. Compare as frases selecionadas. Ele selecionou as mesmas expressões para descrever você?

LESSON 34

Chamadas telefônicas – ligando
Telephone calls – phoning

Em inglês não há nada semelhante a "um abraço" ou "um beijo" em português. Um simples *See you* ou *Take care* é suficiente na hora de se despedir ao telefone. Da mesma maneira, não há equivalente em inglês para "De onde fala?" Outra coisa útil para se lembrar é que o costume de pontuar a conversa com "eh" e sons parecidos para mostrar que você está ouvindo fica muito estranho em inglês. Veja a seção "Mostrando que está ouvindo" na página 56 para frases úteis para substituir esses sons. Em geral, a despedida ao telefone em inglês é muito breve.

LISTEN AND REPEAT Escute e repita as seguintes frases em inglês.
(Faixa 75)

Oi, poderia falar com [Silvia Ferreira] por favor.	Hi, may I speak to [Silvia Ferreira], please?
Oi, [a Silvia] está?	Hi, is [Silvia] there?
Aqui é [o Pedro].	(This is) [Pedro].
Sou um amigo dela/dele.	I'm a friend of hers/his.
Estou ligando d[a Editora Elsevier].	I'm calling from [Editora Elsevier].
Aqui é [o Pedro] ligando d[a Editora Elsevier].	(This is) [Pedro] calling from [Editora Elsevier].
Sabe quando ele/ela vai voltar?	Do you know when he'll/she'll be back?
Eu ligarei de volta mais tarde.	I'll call back later.
Qual é o melhor horário para telefonar?	When is a good time to call?
Oi, é o [Patrícia].	Hi, it's [Patrícia].
Você está ocupado?	Are you busy?
Está podendo falar?	Is this a good time?
Dá para me ouvir bem?	Can you hear me OK?
Como?	Excuse me?
Tentei ligar antes, mas...	I tried calling you earlier, but...
...ninguém atendeu.	...I didn't get any answer.
...mas acho que você não estava.	...I guess you were out.
...estava ocupado.	...the line was busy.
...caiu na secretária eletrônica.	...I got your answering machine.
...caiu na caixa postal.	...I got your voice mail.
Você recebeu meu recado?	Did you get my message?

EXERCISE Selecione uma frase abaixo para escrever no diálogo a seguir.

Did you get my message?
Can you hear me OK?
Do you know when she'll be back?
I'll call back later.
I tried calling you earlier, but I got your voice mail.
Hi, may I speak to Ana Paula please?
Excuse me?

1.	.... Sure. May I ask who's calling?
2.	Hi, is Ana Paula there? She's at lunch. .... Around three o'clock.
3.	.... Yes, no problem. It's a good line.
4.	How's the weather there? .... I said, "How's the weather there?"
5.	.... You did? I must have been at lunch.
6.	.... I did. Thanks.
7.	Would you like to leave a message? .... OK.

ACTIVITY Conversation Practice
Trabalhe com mais duas pessoas. Uma faz o papel de secretária e a outra, a pessoa que está ligando e a pessoa recebendo a ligação.

LESSON 35

Chamadas telefônicas – Recebendo

Telephone calls – Receiving

Dependendo do caso, outras lições deste livro que seriam úteis nesta seção são, por exemplo, "Reencontrando" (na página 8), "Terminando uma conversa" (na página 58), "Novidades" (na página 60) e "Surpresa e o previsível" (na página 64).

LISTEN AND REPEAT Escute e repita as seguintes frases em inglês. *(Faixa 76)*

É ele/ela.	This is [Márcio/Márcia] speaking.
Oi (Pedro).	Oh, hi (Pedro).
Que bom que você ligou.	I'm glad you called.
Recebi seu recado, obrigado.	I got your message, thanks.
Estava esperando sua ligação.	I've been expecting your call.
[A minha secretária] disse que você ligou.	[My secretary] told me you called.
Me aguarda um segundinho? Eu tenho que...	Can you hang on just a second? I have to...
Só um segundo. Tem alguém na outra linha.	Just a second. I have another call.
Me desculpe, caiu a linha.	Sorry, we got cut off.
Essa ligação está péssima.	I think we got a bad line.
Eu estou ouvindo você muito mal.	I can barely hear you.
Posso ligar para você de volta? (Eu tenho que...)	Can I call you back? (I have to...)
Bom, então...	OK, well....
Infelizmente eu vou ter que desligar.	Unfortunately, I have to go.
Gostei de falar com você.	It was nice talking to you.
Eu tenho seu telefone?	Do I have your number?
Então tá bom...	OK, then...
Vamos marcar alguma coisa.	Let's get together sometime... *veja 'Convites' página 68*
Um beijo/abraço.	Take care.
Um beijo/abraço [na família].	Say hi to [the family].
Até mais.	See you.

EXERCISE

Combine uma resposta à direita com uma fala à esquerda.

1. Hi, it's Pedro.
2. Hi, is Márcio there?
3. Do I have your number?
4. Take care.
5. Can I call you back?

a. This is Márcio speaking.
b. You too.
c. No problem.
d. Hi. I've been expecting your call.
e. Just in case, it's 555-8917.

LISTENING AND SPEAKING

(Faixa 77)

Identifique o problema no telefonema e fale a frase que mais combinar com a circunstância.

1. a. I think we got a bad line. b. Sorry, we got cut off.
2. a. Just a second. I have another call. b. I think we got a bad line.
3. a. I can barely hear you. b. Just a second. I have another call.
4. a. Sorry, we got cut off. b. I can barely hear you.

Agore ouça e pratique de novo, repetindo a faixa.

LISTENING Beginning or ending?

(Faixa 78)

Escute as frases e circule ⌛ se a conversação telefônica está apenas começando, ou ⌛ se está acabando.

1. ⌛ ⌛
2. ⌛ ⌛
3. ⌛ ⌛
4. ⌛ ⌛
5. ⌛ ⌛
6. ⌛ ⌛

ACTIVITY Conversation Practice

Você e outra pessoa vão simular uma conversação ao telefone. Sinalize, usando as expressões aprendidas nesta unidade, que você quer desligar.

LESSON 36

Chamadas telefônicas – Recebendo para outras pessoas

Telephone calls – Taking calls for others

Esta seção não está destinada somente a secretárias de empresas. Este tipo de linguagem é usado por todo o mundo em várias situações. Um brasileiro no exterior, por exemplo, pode precisar destas expressões, ou talvez mesmo no Brasil, quando ligam pessoas do exterior que somente falam inglês.

LISTEN AND REPEAT Escute e repita as seguintes frases em inglês. *(Faixa 79)*

Alô?	Hello?
É ele/ela.	This is [Márcio/Márcia] speaking.
Pois não?	May I help you? *(empresarial)*
Quem está falando? / Quem deseja?	Who's calling, please?
Sobre o que seria? / A respeito do que seria?	May I ask what this is regarding?
O/A senhor/a aguarda?	Can you hold?
Por favor, aguarde só um minuto.	Please hold. *(empresarial)*
Por favor, aguarde só um minuto.	One moment, please. *(empresarial ou social/formal)*
Estou transfirindo.	I'm putting you through.
[Elizabeth] está...	[Elizabeth] is...
...fora no momento.	...out right now.
...de férias.	...on vacation.
...numa reunião.	...in a meeting.
...numa outra ligação.	...on another call.
...com um cliente.	...with a customer/client.
Ela/ele voltará [mais tarde].	S/he'll be back [later].
Pode tentar no celular dele/dela. (Você tem o número?)	You can try his/her cell phone. (Do you have the number?)
Você quer deixar recado?	Would you like to leave a message?
Ele/Ela tem o seu telefone?	Does he/she have your number?
Só um instante. Vou pegar uma caneta.	Just a second. Let me get a pen.
Pronto. Pode falar.	OK. Go ahead.
Certo. Deixe-me só conferir...	OK. Let me just check ....
Não entendi. Como se escreve [isso/o seu sobrenome]?	Sorry. Could you spell [that/your last name], please?
Tudo bem. Eu dou o recado para ele/ela.	OK. I'll give him/her the message.
Tudo bem. Eu digo a ele/ela que você ligou.	OK. I'll tell him/her you called.

REPARE Quando se pede com a palavra *please* em inglês, essa palavra costuma ser colocada no final da frase. Em qualquer outra posição, a frase poderia ser interpretada como autoritária.

Who's calling, please?
One moment, please.
Could you spell that, please?

EXERCISE Combine uma resposta à direita com uma fala à esquerda.

1. May I speak to Erik, please?
2. Can you hold?
3. Would you like to leave a message?
4. Does he have your number?
5. Can I leave a message?

a. Sure. No problem.
b. I think so.
c. Sure. I'm putting you through.
d. Let me get a pen.
e. No, that's OK.

GRAMMAR Circule o pronome correto de acordo com o símbolo masculino ou feminino

1. (masculino) HE'S SHE'S in a meeting.
2. (feminino) HE'LL SHE'LL be back on Monday.
3. (masculino) I'll give HIM HER the message.
4. (feminino) I'll tell HIM HER you called.
5. (feminino) You can try HIS HER cell phone.

LISTENING AND SPEAKING (*Faixa 80*)
Alguém liga querendo falar com as pessoas a seguir. Porém, todas, como indicado, estão em algum outro lugar no momento. Ofereça para anotar um recado assim:

Exemplo: **Áudio:** "Hi. May I speak to Alberto, please?"
Você: Alberto is on vacation. Would you like to leave a message?
Áudio: "Yes, please. Could you please tell him to call Edward James? My number's 415-760-6587."
Você: OK. I'll give him the message.

Alberto – on vacation
Fernanda – on another call
Alexandre – in a meeting
Margareth – with a customer

NAME: Edward James
TELEPHONE: 415-760-6587

1. NAME:
TELEPHONE:

2. NAME:
TELEPHONE:

3. NAME:
TELEPHONE:

ACTIVITY Conversation Practice
Um companheiro vai ligar para você querendo falar com seu parceiro, que não quer falar com ninguém nesse momento. Invente uma desculpa para ele e anote o recado.

NAME:
TELEPHONE:

LESSON 37

Chamadas telefônicas – Deixando um recado

Telephone calls – Leaving a message

Uma das tarefas linguísticas mais difíceis é deixar um recado, principalmente quando não se trata de um ser humano, como deixar um recado na secretária eletrônica de alguém, ou numa caixa postal. Isto acontece pela falta de feedback verbal nesse tipo de situação, e por isso as pessoas que conseguem deixar esse tipo de recado sem atrapalhar-se muito são aquelas que já possuem muitas frases padronizadas decoradas. Ou seja, falam sempre mais ou menos a mesma coisa ao deixar um recado – só mudam alguns elementos do conteúdo. Com as frases a seguir você tem a fórmula para facilitar a tarefa.

LISTEN AND REPEAT Escute e repita as seguintes frases em inglês. *(Faixa 81)*

Deixando recado com uma pessoa	**Leaving a message with a person**
Posso deixar um recado (por gentileza)?	Can I leave a message (please)?
Você pode pedir para ele/ela ligar para [Pedro]?	Could you tell him/her to call [Pedro]?
Você pode avisá-lo/la que [vou chegar atrasado]?	Could you tell him/her that [I'm going to be late]?
Por gentileza, diga-lhe que [o Pedro] ligou.	Could you tell her that [Pedro] called?
Acho que ele/ela tem meu telefone, (mas em todo caso é...)	I believe he/she has my number, (but just in case it's...)
Deixando um recado na secretária eletrônica	**Leaving a message on an answering machine**
Oi, aqui o [Pedro].	Hi, it's [Pedro].
Só liguei para...	I was just calling to...
...falar [oi]...	...say [hi]...
...saber como [você está].	...see how [you're doing].
...lhe avisar que...	...let you know that...
...lhe fazer uma pergunta...	...ask you about something...
...lhe lembrar que...	...remind you that...
...lhe convidar a...	...invite you to...
Só retornando...	Just calling you back...
Bom,... / Enfim,...	Anyway, ...
Me ligue quando você puder.	Give me a call when you get a chance.
Pode me ligar em casa/no trabalho/no celular.	You can call me at home/at work/on my cell phone.
Caso você não tenha meu número, é...	In case you don't have my number, it's...
Então, espero poder falar com você mais tarde.	So, hopefully we'll speak later.
Vou tentar ligar mais tarde.	I'll try calling you back later.
Até mais.	Talk to you later.

EXERCISE 1 Leia os seguintes recados e escreva embaixo o que foi falado. (Um não foi falado.)

- "Can you tell him that I'm stuck in traffic?"
- "Can you tell him that the meeting has been changed to tomorrow morning?"
- "Can you tell him to call Mary?"
- "Can you tell him that Mary called?"

Pedro: Call Mary (4:30 pm)	Pedro: Mary is going to be late	Pedro: Mary called (4:30)
1.	2.	3. . . . .

EXERCISE 2 Combine uma terminação de uma frase com sua raiz. (O primeiro já foi feito para você como exemplo.)

I was just calling to	**say**	**you're feeling.**
	see how	**the movies.**
	let you know that	**what time you arrive.**
	ask you	**happy birthday.**
	invite you to	**everything is OK.**

ACTIVITY Conversation Practice

Use o seguinte modelo para treinar deixando um recado numa secretária ou caixa postal. É aconselhável fazer isso com um gravador para imitar a experiência real, e também para ouvir sua própria voz e aperfeiçoar a pronúncia.

1. SEU NOME ⇨ 2. MOTIVO DA LIGAÇÃO ⇨ 3. PEDIR PARA LIGAR ⇨ 4. ONDE PODE SER ENCONTRADO

Exemplo: **SEU NOME: ________**
MOTIVO: say hello
VOCÊ ESTÁ: home

Você fala: "Hi, it's **(seu nome)**.
I was just calling to **say hello**.
Anyway, give me a call when you get a chance.
You can call me **at home**. In case you don't have my number it's 555-1234.
So, hopefully we'll speak later. Bye."

NOTA: As partes em **negrito** são as falas que podem variar. O resto simplesmente se repete.

1. MOTIVO: say happy birthday
   VOCÊ ESTÁ: work
2. MOTIVO: remind you that the meeting is tomorrow
   VOCÊ ESTÁ: cell phone
3. MOTIVO: invite you to see "Terminator 4"
   VOCÊ ESTÁ: home
4. MOTIVO: let him know that the package arrived
   VOCÊ ESTÁ: home

LESSON 38

Doença
Sickness

Esta seção trata apenas de doenças menores, portanto os comentários são correspondentes. Para tratar de situações mais sérias, consulte as seções de "Tranquilizando" (página 94) e "Novidades" (página 60).

LISTEN AND REPEAT Escute e repita as seguintes frases em inglês.
(Faixa 82)

Estou doente.	I'm sick. [AmE] / I'm ill. [BrE]
Não estou me sentindo muito bem.	I don't feel very well.
Estou com [um resfriado].	I have [a cold]. *veja Apêndice 5 do livro* Como dizer tudo em inglês *para mais vocabulário sobre doenças específicas*
O(s)/A(s) meu(s)/minha(s) [pescoço/ombros] está(estão) doendo.	My [neck/shoulders] hurts(hurt).
Estou péssimo.	I feel awful.
O que você tem?	What's the matter?
É mesmo.	Really?
Isso é terrível.	That's terrible.
Posso fazer alguma coisa?	Is there anything I can do?
A melhor coisa é [deitar].	The best thing is to [lie down].
Eu sei como você está sentindo.	I know how you feel.
Odeio isso.	I hate that.
Só precisa descansar.	You just need to rest.
Você está bem?	Are you OK?
Você não está com uma cara muito boa.	You don't look very well.
Você quer deitar?	Do you want to lie down?
Você precisa ir ao médico?	Do you need to go the doctor's?
Acho melhor você [ir para casa / deitar / ir ao médico].	Maybe you should [go home / lie down / see a doctor].
Vá para casa e descanse.	Go home and rest.
Beba bastante água.	Drink lots of liquids.
Espero que (logo) se recupere/sinta melhor.	I hope you feel better (soon).
Estimo suas melhoras. / Boas melhoras.	Get well soon, OK?
Se precisar de alguma coisa, é só me ligar.	Call if you need anything, OK?

VOCABULARY 1 Em inglês, a palavra *ache* (pronunciada *"eik"*), que significa "dor", pode combinar com várias partes do corpo para formar uma palavra composta. A seguir, coloque a palavra junto à figura que a representa. (O primeiro já foi feito para você como exemplo.)

ear **stomach** **tooth** **back** **head**

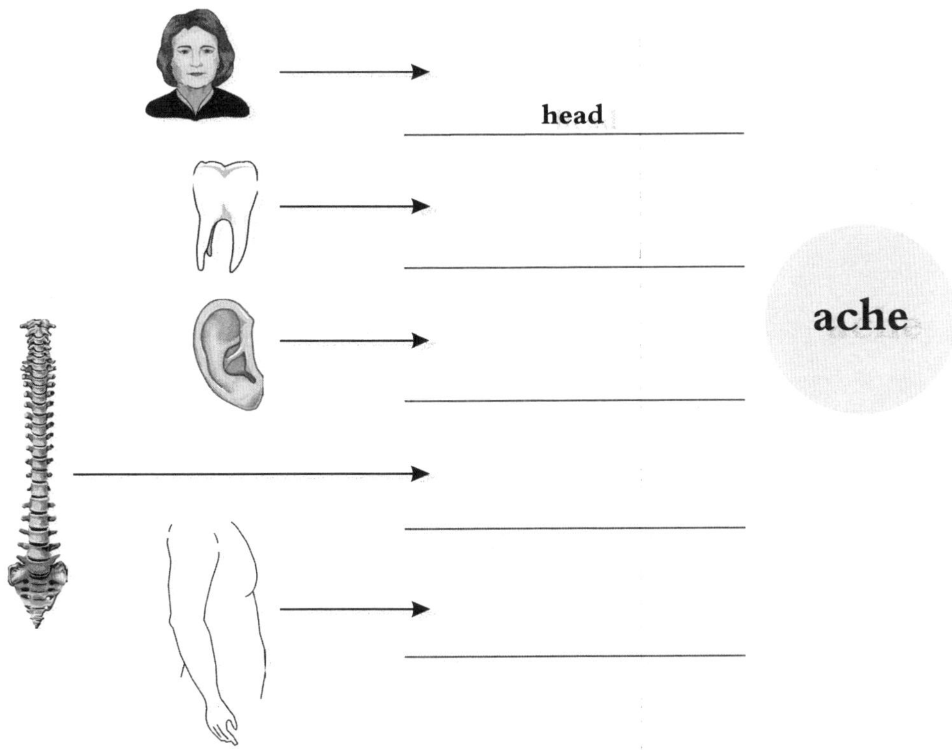

Agora escute e repita as palavras terminadas em *-ache.* (*Faixa 83*)

LISTENING AND SPEAKING
(*Faixa 84*)

Siga o modelo:

Você: Are you OK? You don't look very well.
Áudio: I have an earache.

Você circula:

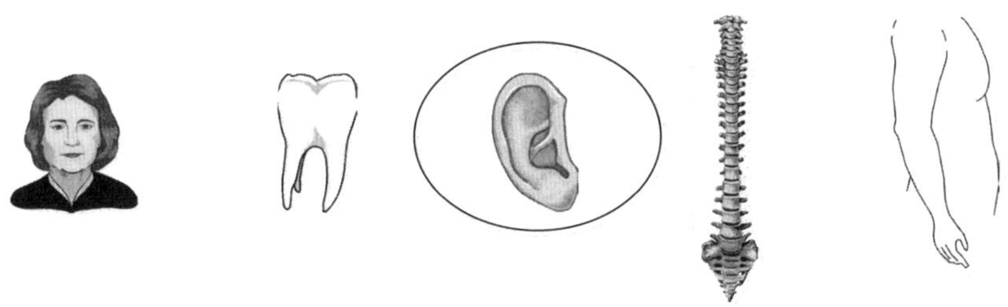

Você: Oh, I hate that. Is there anything I can do?
Áudio: No thanks.
Você: Well, I hope you feel better.
Áudio: Thanks.

1. 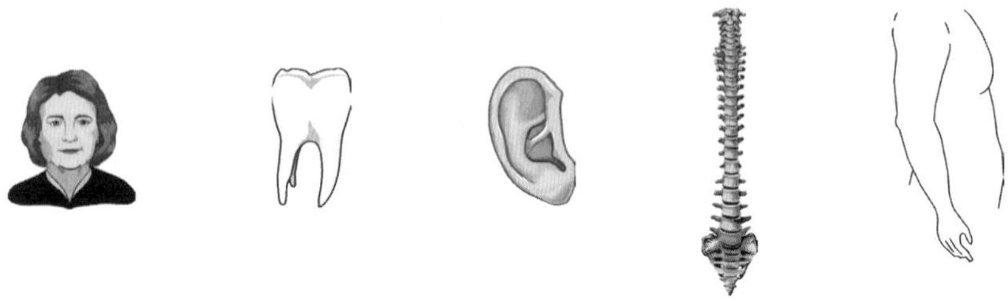

2. 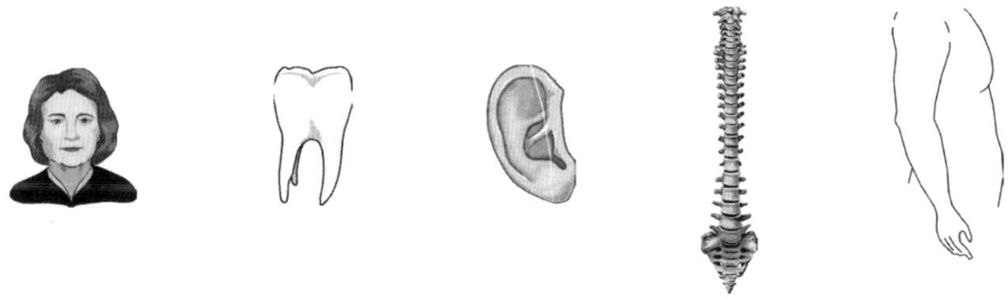

3. 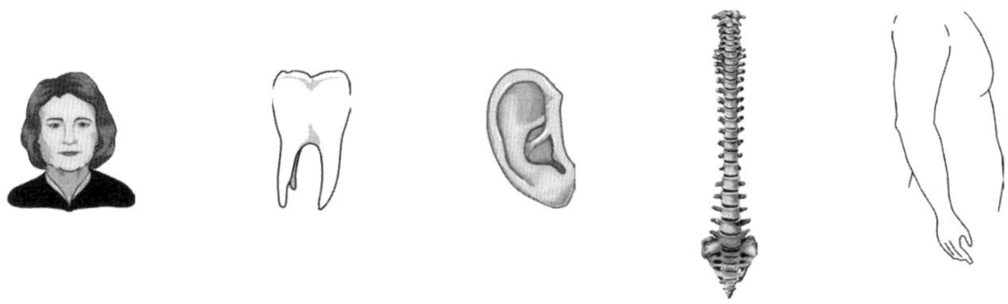

4. 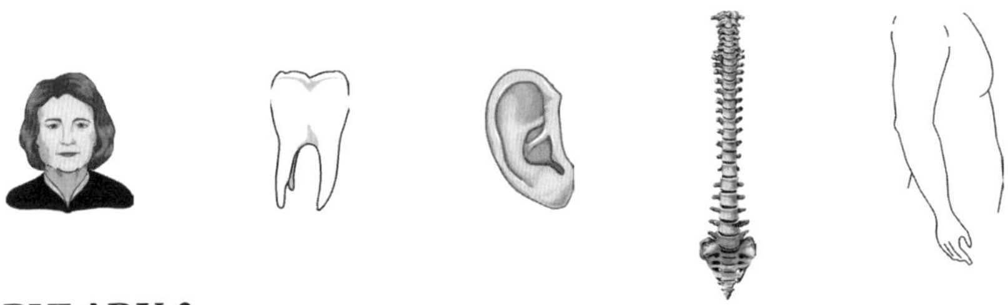

VOCABULARY 2

Repare que a tradução em inglês de "estou com" é *I have*. Escreva as traduções das seguintes doenças nas linhas abaixo. (O primeiro já foi feito para você como exemplo.)

the flu   a fever   a cold   a cough   a headache   a sore throat

I have

a headache ← *dor de cabeça*

__________ ← *resfriado*

__________ ← *tosse*

__________ ← *dor de garganta*

__________ ← *gripe*

__________ ← *febre*

Agora escute e repita as expressões com *I have*.
(Faixa 85)

LISTENING AND SPEAKING (*Faixa 86*)
Siga o modelo.

Áudio: Are you OK?
Você: Not really. I don't feel very well.
Áudio: Really? What's the matter?

Você vê:

PROBLEM: backache SOLUTION: 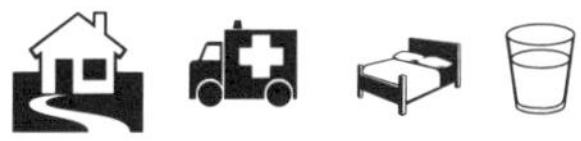

Você fala: I have a backache.
Áudio: Oh, that's terrible. Maybe you should lie down.

Você circula a solução sugerida:

PROBLEM: backache SOLUTION: 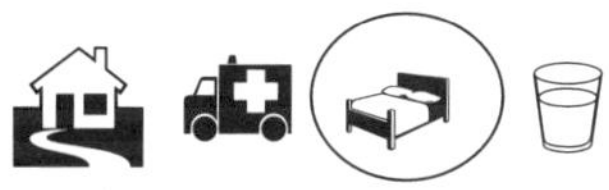

CUIDADO: É necessário pôr "*a*" ou "*the*" antes do nome da doença: *I have a cold, I have the flu.* Não diga "I have cold" ou "I have flu".

1. PROBLEM: cold SOLUTION: 
2. PROBLEM: fever SOLUTION: 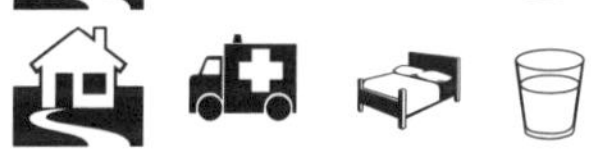
3. PROBLEM: flu SOLUTION: 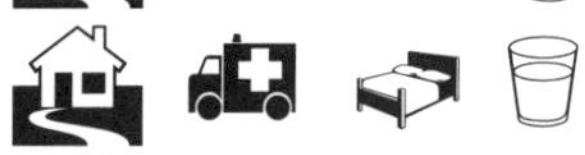
4. PROBLEM: sore throat SOLUTION: 

ACTIVITY Conversation Practice
Agora pratique com um amigo. Finja que não está se sentindo bem e invente algum problema. Use o vocabulário nas caixas a seguir para lhe ajudar.

Recomendações	Partes do corpo
beber bastante água drink lots of liquids	**coluna** back
descansar rest	**pescoço** neck
deitar lie down	**ombro** shoulder
tomar vitamina c take vitamin c	**eye** olho
aplicar gelo put ice on it	**ouvido** ear
	dente/dentes tooth/teeth
	arm braço
	barriga stomach
	peito chest
	perna leg
	joelho knee
	pé/pés foot/feet

LESSON 39

Tranquilizando
Comforting

Falar uma língua não é somente poder dar e entender informações. Há, naturalmente, outras coisas, como expressar emoções e sentimentos. Uma das áreas mais importantes e comuns neste sentido é tentar tranquilizar uma pessoa. Isso não é necessariamente uma coisa para psicólogos e pessoas simpáticas. Imagine que você é chefe de uma empresa e um cliente liga do exterior reclamando que chegou a mercadoria errada. Para não perder esse cliente, você vai precisar fazê-lo sentir-se melhor, acalmá-lo – ou seja, tranquilizá-lo.

LISTEN AND REPEAT
Escute e repita as seguintes frases em inglês. *(Faixa 87)*

Não se preocupe.	Don't worry about it.
Vai dar tudo certo. / Tudo vai dar certo.	It's going to work out fine. / Everything's going to be all right.
Isso não é nada.	It's no big deal.
Não deixe isso lhe afetar.	Don't let it get to you.
Estas coisas sempre acontecem.	These things happen all the time.
Se eu fosse você não me preocuparia.	I wouldn't worry about it.
Tenho certeza de que não é nada.	I'm sure it's nothing.
Se serve de consolo...	If it makes you feel any better...
Quando você menos imagina...	Before you know it...
As coisas sempre acabam se resolvendo.	Things have a way of working themselves out.
No final, dá tudo certo.	Things always work out in the end.
Nós vamos dar um jeito nisso.	We're going to straighten this all out.
Poderia ser (bem) pior.	It could be (a lot) worse.
Eu sei exatamente o que você está passando.	I know exactly what you're going through.
Já passei por isso.	I've been there before.
Bom, pelo menos...	Well, at least...
Ainda bem que (você) [foi]...	Good thing (you) [went]....

GRAMMAR Os brasileiros têm uma tendência de não falar uma palavra que é muito importante em inglês. A seguir, insira essa palavra nas expressões. (Tente fazê-lo sem olhar à página à esquerda.)

1. Don't worry about.
2. Is no big deal.
3. Don't let get to you.
4. I wouldn't worry about.
5. If makes you feel any better...
6. Before you know...
7. Could be a lot worse.
8. I'm sure is nothing.

LISTENING AND SPEAKING

(*Faixa 88*)

Você vai ouvir algumas das expressões faladas anteriormente, mas só pela metade. Circule a segunda parte das expressões abaixo.

1.	a.	...deal.	b.	...all out.
2.	a.	...better.	b.	...get to you.
3.	a.	...worse.	b.	...deal
4.	a.	...any better	b.	...all out
5.	a.	...all right.	b.	...get to you

EXERCISE 1

Coloque as terminações das frases abaixo junto com os inícios das expressões. (Se precisar, pode usar um dicionário ou pedir ajuda ao professor.)

it's not raining[1]. / you're going to be a successful executive on Wall Street. / I've been studying English for ten years and I still have problems! / it's finished now. / it was cheap. / you'll be living in your own apartment. / I failed too[2]. / you're going to be thin and looking great. / I have to work on Saturday and Sunday. / you'll find the man of your dreams. / I've put on 10 kilos since Christmas![3] / you have your health.

Well, at least... *it's not raining.* ____________________

____

____

____

[1] não está chovendo
[2] eu também fui reprovado
[3] eu ganhei 10 quilos desde o Natal

Before you know it...

you're going to be a successful executive on Wall Street

____

____

____

If it makes you feel any better...

I've been studying English for ten years and I still have problems

____

____

____

EXERCISE 2 Leia as queixas seguintes e dê uma das respostas que você escreveu acima no Exercise 1 para tentar tranquilizar a pessoa.

1. "College was so difficult for me!"

....

2. "I hate living with my parents!"

....

3. "Oh no! I have to work on Saturday!'

....

4. "What a terrible vacation! Everything is so expensive!"

....

5. "I'm forty-seven years old and I'm still not married!"

....

6. "I'm so fat!"

....

ou

....

ACTIVITY Conversation Practice

Escreva aqui alguns problemas pessoais que você tem. (Podem ser reais ou não.) Depois, diga-os para seu companheiro e ele vai reagir com uma expressão desta lição. Depois faça o mesmo com ele.

Complaints / Problems

LESSON 40

Compras
Shopping

É comum para um lojista cumprimentar um cliente com "Tudo bem?" em inglês ao entrar na loja. Este cumprimento não exige resposta. Normalmente um *Hi* (Oi) é mais do que suficiente. Os preços nas lojas refletem o preço sem o acréscimo dos impostos. Normalmente isso é acrescentado depois, no caixa. A taxa dos impostos varia de um estado para outro mas normalmente fica na faixa de 8,5% sobre o preço de venda.

LISTEN AND REPEAT Escute e repita as seguintes frases em inglês. *(Faixa 89)*

Só estou olhano, obrigado.	I'm just looking, thanks.
Com licença... / Por gentileza...	Excuse me...
Vocês têm [t-shirts]?	Do you have [t-shirts?]?
Vi uma [jaqueta] na vitrine.	I saw a [jacket] in the window.
Está na promoção?	Is it on sale?
Eu não sei o meu número (aqui).	I don't know my size (here).
Tem no meu tamanho?	Do you have my size?
Que tamanho acha que dá em mim?	What size do you think I am?
Você tem no tamanho P/M/G/GG?	Do you have this in small/medium/large/extra large?
Tem em outras cores?	Does it / Do they come in any other color?
Você tem num tamanho menor/maior?	Do you have this in a smaller/larger size?
Posso provar?	Can I try it/them on?
A que horas fecham?	When do you close?
Vocês abrem nos [fins de semana]?	Are you open on [weekends]?
Vocês fazem troca?	What's your exchange policy?
Quero fazer a troca.	I want to exchange this.
Quero devolver isto.	I want to return this.
Tem garantia?	Does it come with a warrantee?
A garantia é válida no Brasil?	Is the warrantee good in Brazil?
Você me dá uma nota fiscal, por favor?	Can I have a receipt, please?
Vocês aceitam [American Express]?	Do you take [American Express]?
Quanto fica com imposto?	What's the price of this with tax?
Quanto custa/m?	How much is it/are they? *(quando já se falou no produto em questão)*/ How much is this/are these? *(apontando ao produto)*
Vou ficar com este. / Vou ficar com estes.	I'll take this one. / I'll take these.
Vou comprar este aqui, por favor.	I'd like to purchase this, please.

ORGANIZE

Organize as expressões colocando-as dentro das categories a seguir.

Price	Size and Color	Payment
How much is this?		

GRAMMAR

As palavras *this, that, these* e *those* em inglês são fundamentais quando se fala em compras. Porém, não é fácil simplesmente traduzir essas palavras. A tradução literal delas seria:

this	este/a *ou* isto
that	esse/a *ou* isso *ou* aquele/a
these	estes/as
those	esses/as *ou* aqueles/as

O problema é que, no português de uso cotidiano, as pessoas usam "este" e "esse", por exemplo, sem saber a diferença entre eles. Na prática, em inglês, o uso correto tem a ver com a proximidade do objeto à pessoa:

Agora, escreva a palavra correta no exercício a seguir.

1.  How much is _______ CD?

2. 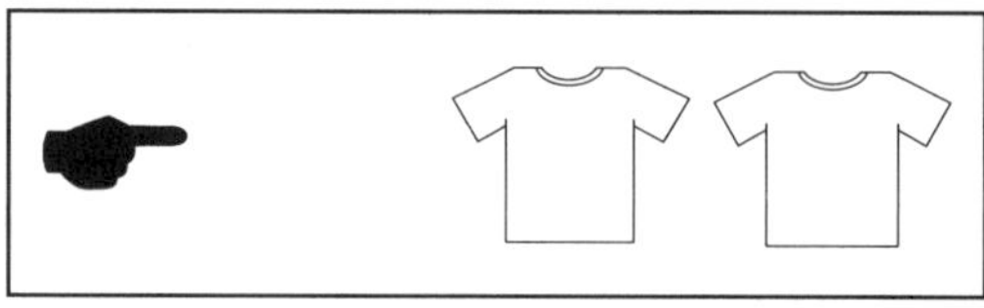 Do you have ______ in large?

3.  Is ______ on sale?

4.  I'll take ________.

EXERCISE

Escreva uma expressão nas linhas do lado esquerdo.

1.	Do you have t-shirts?	Yes, we do. Right here.
2.	______________________	Ten dollars each.
3.	______________________	We have all sizes.
4.	______________________	No, sorry. Just white.
5.	______________________	We're open until six.
6.	______________________	We're closed on Sunday.

LISTENING – SINGULAR OR PLURAL?

(*Faixa 90*)

Escute as pessoas falando. Eles estão falando de um item ou vários ítens? Circule as respostas corretas.

1. ● ●●●
2. ● ●●●
3. ● ●●●
4. ● ●●●
5. ● ●●●
6. ● ●●●

ACTIVITY Conversation Practice

Faça de conta que está de compras no exterior. Você quer comprar alguns produtos que o lojista tem (na verdade, seu companheiro e alguns pertences dele). Use as expressões desta lição para falar.

LESSON 41

Provérbios 2
Proverbs 2

Embora muitas vezes um provérbio seja uma manifestação da filosofia de uma cultura específica, há alguns em português que se repetem em inglês também (e, em alguns casos, em várias outras línguas). Então, nesta lição, praticamos este tipo de provérbio por terem versões similares nas duas línguas, e por serem muito comuns.

LISTEN AND REPEAT Escute e repita as seguintes frases em inglês. *(Faixa 91)*

Querer é poder.	Where there's a will, there's a way.
Não conte com o ovo antes da galinha.	Don't count your chickens before they hatch.
Uma mão lava a outra.	Scratch my back, I'll scratch yours.
Se você não pode vencê-los, junte-se a eles.	If you can't beat them, join them.
Quem espera sempre alcança.	Good things come to those who wait.
Quando o gato sai, o rato faz a festa.	When the cat's away, the mice will play.
Os olhos são o espelho da alma.	The eyes are the mirror of the soul
Não julgue um livro pela capa.	Don't judge a book by its cover.
O amor é cego.	Love is blind.
Não ponha o carro na frente dos bois.	Don't put the cart before the horse.
Não ponha todos os seus ovos num único cesto.	Don't put all your eggs in one basket.
Não faça tempestade em um copo d'agua.	Don't make a mountain out of a molehill.
Não há recompensa sem esforço.	No pain, no gain.
O que os olhos não veem, o coração não sente.	Out of sight, out of mind.
Longe dos olhos, perto do coração.	Absence makes the heart grow fonder.

EXERCISE 1
Tente terminar os seguintes provérbios sem olhar as expressões acima.

Where there's a will, there's a __________.
Don't count your chickens before they ___________.
Scratch my back, I'll scratch ________.
If you can't beat them, ______________.
Good things come to those who ________.
When the cat's away, the mice will __________.
The eyes are the mirror of the _________.

Don't judge a book by its __________.
Love is __________.
Don't put the cart before the ___________.
Don't put all your eggs in one _________.
Don't make a mountain out of a ___________.
No pain, no _______.
Out of sight, out of _________.
Absence makes the heart grow ___________.

EXERCISE 2 Escreva um provérbio abaixo de cada desenho

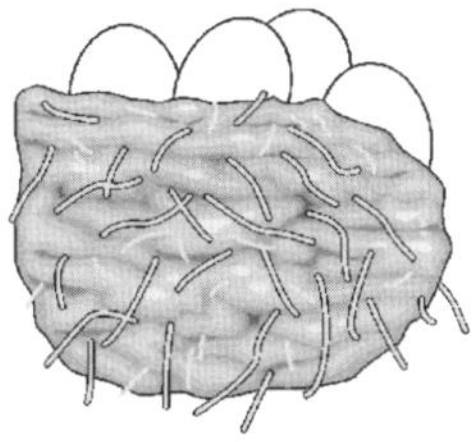

1. ....
2. ....
3. ....
4. ....

EXERCISE 3
Combine uma resposta do lado direito com o que foi dito no lado esquerdo.

1. I hate exercise!
2. Only she thinks her husband is handsome.
3. My wife is traveling in Europe. I miss her so much!
4. I'm going to invest all my money in gold.
5. It's impossible.

a. Love is blind.
b. No pain, no gain.
c. Where there's a will, there's a way.
d. Don't put all your eggs in one basket.
e. Absence makes the heart grow fonder.

ACTIVITY 1 Conversation Practice
Usando mímica, tente fazer com que seu companheiro adivinhe o provérbio que você está interpretando.

ACTIVITY 2 Personalize
Agora volte à Lição 19 na página 46 e, juntando todas expressões das duas lições, escreva abaixo os provérbios que você acha mais úteis ou válidos.

....
....
....
....

LESSON 42

Solicitações
Polite requests

É de praxe pedir um favor com a expressão *I was wondering*. Por exemplo: *I was wondering – is there any way you could deliver that today?*

LISTEN AND REPEAT Escute e repita as seguintes frases em inglês. *(Faixa 92)*

Você poderia [me ajudar]?	Could you [help me]?
Posso [lhe ajudar]?	Can I [help you]?
Posso [ajudar]?	May I [help you]?
Você pode [me ajudar]?	Can you [help me], please?
Você poderia por um acaso [me ajudar]?	Is there any way you could [help me]?
Você se importaria se eu [lhe ajudasse]?	Would you mind if I [helped you]?
Você se importa se eu [lhe ajudo]?	Do you mind if I [help you]?
Tudo bem se eu [lhe ajudo]?	Is it OK if I [help you]?
Eu gostaria [de lhe ajudar].	I would like [to help you].
Será que seria possível [me ajudar]?	Do you think it would be possible to [help me]?
Se não puder, tudo bem.	Don't worry if you can't.
Não quero incomodar.	I don't want to put you to any trouble.
Não quero atrapalhar.	I don't want you to go out of your way or anything.
Você tem certeza de que não tem problema?	Are you sure it's no trouble?
Ah, claro.	Oh, sure.
Sem problemas.	No problem.
É um prazer.	It's a pleasure.
Seria um prazer para mim.	It would be a pleasure.
Que é isso? É o mínimo que eu posso fazer.	No, it's the least I can do.
Não se preocupe com isso.	No, don't worry about it.
Não é incômodo algum.	It's no trouble. Really. / Really. It's no problem.
Me desculpe, mas eu não posso.	I'm sorry, I can't.

EXERCISE Complete as frases para dizer a mesma coisa que está sendo dita nos balões, mas de uma maneira mais educada.

Help me!

Could you

Can you . . . . , please?

Is there any way you could . . . .?

I want some water!	Can I . . . . ? I would like . . . . , please. Could I . . . . ?
I'm going to use your telephone!	May I . . . . ? Do you mind if I . . . . ? Do you think it would be possible to . . . . . . ?

VOCABULARY Junte uma palavra ou frase do lado esquerdo com uma palavra ou frase do lado direito para construir uma expressão completa. (Se precisar, pode usar um dicionário ou pedir ao professor para ajudar você.)

1. MAKE	a. SOME WATER
2. BORROW	b. MY EMAIL
3. WATCH	c. THE BATHROOM
4. LISTEN TO	d. THE STEREO
5. CHECK	e. A PEN
6. HAVE	f. A PHONE CALL
7. USE	g. TV

ACTIVITY 1 Imagine que você está na casa do seu amigo americano nos Estados Unidos. Você quer pedir para usar algumas coisas, mas faz questão de pedir de uma maneira educada. Use as expressões do exercício anterior ("Vocabulary") para fazer pedidos. (O primeiro é um exemplo.)

1. Is it OK if I **make** a phone call?
2. ....**borrow** ....?
3. ....**watch** ....?
4. ....**listen to** ....?
5. ....**check** ....?
6. ....**have** ....?
7. ....**use**.. ....?

ACTIVITY 2 Listen and respond
(*Faixa 93*)

Imagine agora que você está conversando com uma pessoa que, enquanto fala com você, pede permissão para fazer algumas coisas. Conceda o pedido usando as expressões desta lição.

ACTIVITY 3 Conversation Practice
Imagine que o seu colega é, na verdade, o seu anfitrião. Você quer pedir algumas coisas, mas quer fazê-lo de uma maneira educada.

LESSON 43

Comendo e bebendo 1 – falando com atendentes

Dining 1 – talking to servers

Na verdade, seria até possível fazer um pedido num restaurante em um país onde se fala inglês sem saber inglês. As etapas são tão previsíveis que às vezes basta apontar. O garçom sempre pergunta o que você quer para beber primeiro, depois chega com as bebidas, pergunta se está pronto para fazer o pedido, toma o pedido e depois traz a comida e, mas tarde, a conta. Mas se você quiser ir além disso, ou seja, quiser perguntar algo mais específico, ou se você estiver querendo impressionar a pessoa que está com você, vai precisar das expressões desta lição.

LISTEN AND REPEAT Escute e repita as seguintes frases em inglês. *(Faixa 94)*

Eu tenho uma reserva – ["Márcio".]	I have a reservation – ["Marcio."]
Uma mesa para (2), por favor.	Table for (2), please.
Somos (2).	There's (2) of us.
Tem espera? (Quanto tempo?)	Is there a wait? (How long?)
Podemos nos sentar [próximos à janela]?	Could we have a table [near the window]?
Onde fica o toalete?	Where's the restroom?
Gostaria(mos) de fazer o pedido, por favor.	I'd(We'd) like to order, please.
Preciso/Precisamos de mais tempo para decidir.	I/We still need a few minutes.
Vou pedir um [cheeseburger].	I'll have a [cheeseburger].
Vou pedir o [número 12].	I'll have the [number 12].
Isso acompanha o que?	What does that come with?
Isso acompanha [salada]?	Does that come with [salad]?
Queria [o arroz] separado.	I'd like the [rice] on the side.
Sem [gelo], por favor.	No [ice], please.
Com bastante [queijo], por favor.	With plenty of [cheese], please.
Que tipo de [suco] vocês têm?	What kind of [juice] do you have?
Qual é [a sopa] que tem hoje?	What's [the soup] of the day?
Gostaria de ver a carta de vinho, por favor?	Can I see a wine list, please?
Você pode me trazer (mais) um garfo/colher/faca por favor?	Can I have another fork/spoon/knife, please?
Você pode me/nos trazer mais [pão], por favor?	Can I/we have some more [bread], please?
Não foi isso que eu pedi.	I didn't order this.
Eu pedi o [filé].	I ordered the [steak].
Posso ver o cardápio de novo?	Can I see the menu again?
Você tem [chocolate]?	Do you have [chocolate]?
Você me/nos traz a conta, por favor?	Could I/we have the check, please?
Só a conta, por favor.	Just the check, please.

veja também 'Discutindo a conta' página 110

EXERCISE

Escreva uma terminação adequada em cada linha.

have some more bread   see a wine list   lasagna   salad   kids' meals   number two
any specials   have another fork   rice   cheese   french fries   a wine list
pasta   espresso coffee   have a few more minutes

Can I... **see a wine list?** ________________
____
____
____

I'll have the... ________________
____
____
____

Do you have... ________________
____
____
____

Does that come with... ________________
____
____
____

VOCABULARY

Coloque os itens de vocábulario dentro das colunas corretas.

chicken   fork   toothpicks   knife   water   well   beef   wine
pasta   rare   napkin   spoon   soda   medium   fish   beer   fried

Food	Drink	Table items	Food preparation

ACTIVITY Conversation Practice

Você está num restaurante com um amigo e pede coisas. Use o seguinte cardápio.

STARTERS
- Carpaccio
- Pizza bread
- Soup of the day
- Nachos

DRINKS
- Sodas
- Beer
- Wine
- Milkshakes

ENTREES
- Lasagna
- Filet mignon
- Cheeseburger deluxe
- Fish of the day

DESSERTS
- Ice cream
- Brownie
- Sundae
- Pies (various flavors)

LESSON 44

Comendo e bebendo 2 – Conversação

Dining 2 – Table talk

São vários os livros de idiomas que ensinam a pedir comida num restaurante. Mas, como foi mencionado na lição anterior, só o ato de pedir comida não requer muita linguagem, e mesmo pessoas com pouco inglês conseguem fazê-lo (mas não pedindo coisas específicas, é claro). Muito mais difícil, em termos de complexidade de linguagem, é o que acontece depois de fazer o pedido – a conversação. Isso, sim, requer muita linguagem e talvez seja a parte mais importante. (Depois de tudo, o restaurante e o garçom ficam, mas o seu colega segue com você depois.) Felizmente, muitas das expressões são previsíveis nessas situações, e aqui você encontrará uma boa seleção.

LISTEN AND REPEAT Escute e repita as seguintes frases em inglês. *(Faixa 95)*

Essa mesa está bem para você?	Is this table OK?
O que você recomenda?	What do you recommend?
Eu recomendo o [filé].	I recommend the [steak].
Você deveria provar o [frango].	You should try the [chicken].
Você já comeu [tubarão]?	Have you ever had [shark]?
Tudo é ótimo.	Everything's good.
Pode pedir o que você(s) quiser(em).	Please order anything you like.
Quer fazer o pedido?	Are you ready to order?
Você vem sempre aqui?	Do you come here often?
O [filé] deles é excelente.	Their [steak] is excellent.
A especialidade deles é [frutos do mar].	Their specialty is [seafood].
Vou pedir o mesmo que você.	I'll have what you're having.
Nossa. O seu está com uma cara ótima.	Wow. Yours looks good.
Eu deveria ter pedido isso.	I should have ordered that.
Como está seu (filé)?	How's your (steak)?
Parece ótimo.	It looks delicious.
Posso provar um pouco do seu?	Can I try some of yours?
Gostaria de provar um pouco do meu [filé]? (Está uma delícia.)	Would you like to try some of my [steak]? (It's delicious.)
Me passa o [sal] por favor.	Can you pass the [salt], please?
Você aceita mais [vinho]?	Would you like some more [wine]?
Posso fumar?	Do you mind if I smoke?
Você gostou [da sopa]?	Did you enjoy your [soup]?
Estava uma delícia, obrigado.	That was great, thanks.
O serviço também foi bom.	Good service, too.
Essa foi um/a das/dos melhores [pizzas] que eu já comi.	That was one of the best [pizzas] I've ever had.

ORGANIZE

Organize as expressões, colocando-as dentro das seções a seguir.

Recomendações	**Oferecendo**
What do you recommend?	
Impressões sobre a comida servida	**Perguntando se está tudo bem com o seu acompanhante**

EXERCISE

Combine uma pergunta ou comentário à esquerda com uma resposta à direita.

1. What do you recommend?
2. Do you come here often?
3. How's your steak?
4. Would you like some more wine?
5. That was one of the best pizzas I've ever had.

a. This is my first time.
b. I'm OK, thanks.
c. You should try the pasta.
d. Me too.
e. Delicious.

LISTENING Before, during or after?

(*Faixa 96*)

Escute e decida se as pessoas estão falando antes (*before*), durante (*during*) ou depois (*after*) de comer, e circule a resposta correta.

1. before during after
2. before during after
3. before during after
4. before during after
5. before during after
6. before during after

ACTIVITY Conversation Practice

Imagine que você está comendo num restaurante caro no exterior com um colega estrangeiro. Converse com ele e use as expressões desta lição.

LESSON 45

Comendo e bebendo 3 – Discutindo a conta

Dining 3 – Fighting over the check

Pediu comida, conversou com o colega em inglês durante o jantar e – ainda não terminou. Agora chega a parte mais temida: a conta. Talvez nem seja pelo valor que tiver que pagar, mas pela discussão sobre quem vai pagar a conta, tanto em situações sociais como nos negócios. Aqui você vai se preparar para este "confronto".

LISTEN AND REPEAT Escute e repita as seguintes frases em inglês. *(Faixa 97)*

Ah, não...	Oh no...
Eu pago.	I'm going to get this.
Deixe comigo.	Let me get this.
A última foi você que pagou.	You got the last one.
Deixe que eu pago essa.	This one's on me.
Eu pago a próxima.	The next one's on me.
Vamos rachar.	Let's split it.
Eu/Nós beb(i/emos)/com(i/emos) mais que você.	I/We drank/ate more than you did.
Eu consumi mais que você.	I had more than you did.
Não, não. Por favor.	No, really. Please.
Você é o meu/nosso convidado.	You're my/our guest.
É o mínimo que eu posso fazer.	It's the least I can do.
É a empresa que paga.	The company pays.
Faço questão.	I insist.
Não, essa é por minha conta.	No, this is my treat.
Você paga da próxima vez.	You can get the next one.
Por favor, eu me sinto mal.	Come on... I feel bad.
Tá certo, mas da próxima vez eu pago.	OK, but you have to let me pay next time.

LISTENING Who pays?
(*Faixa 98*)

Quem paga ao final – o homem ou a mulher?

☐ MAN ☐ WOMAN

REPARE
A palavra "*one*" nas frases desta unidade substitui "the bill", ou seja "a conta".

EXERCISE 1
Conecte abaixo a parte da esquerda à parte da direita.

1.	Let me	a.	the last one.
2.	You got	b.	the next one.
3.	It's the least	c.	get this.
4.	You can get	d.	on me.
5.	The next one's	e.	treat.
6.	No, this is my	f.	I can do.

EXERCISE 2 Abaixo, divida as expressões em duas partes: As que significam que você quer pagar e as que dão um motivo de você pagar a conta.

I want to pay!	These are the reasons I want to pay
I'm going to get this.	You got te last one
__________	__________
__________	__________
__________	__________
__________	__________
__________	__________

ACTIVITY Conversation Practice
Imagine que você e seu amigo estão em um restaurante. Você não vai, de jeito nenhum, deixar que ele pague a conta!

LESSON 46

Compreendendo
Understanding

Fundamental na aprendizagem de uma língua é poder pedir repetição ou esclarecimentos. É muito comum que um aprendiz não peça ajuda por vergonha. Isso é um erro, pois ninguém espera que você entenda tudo e, se parar para pensar um pouco, é natural até na sua própria língua dizer que não entendeu. Então, não perca a oportunidade de melhorar a sua compreensão através de maiores esclarecimentos sobre as coisas. Ninguém vai reclamar. Se não pedir esclarecimentos e não entendeu, não se iluda: todo mundo vai notar.

LISTEN AND REPEAT Escute e repita as seguintes frases em inglês.
(Faixa 99)

Desculpe, não entendi.	I'm sorry, I don't understand.
Não sei se entendi.	I'm not sure I understand.
Como assim?	What do you mean?
Ah, desculpe. Eu entendi (tudo) errado.	Oh, sorry. I misunderstood (completely).
Ah, tá! Eu tinha entendido...	Oh! I thought you said...
Me desculpe. Você me confundiu.	I'm sorry. You lost me.
Me desculpe. Estou devagar hoje.	I'm sorry. I'm slow today.
Me desculpe. Sou meio devagar.	I'm sorry. I'm a little slow.
Tá, então...	OK, so...
Ou seja...	In other words...
Você quer dizer que...	Do you mean...?
Deixe eu ver se eu entendi...	Let me see if I understand...
É isso?	Is that right?
Sabe? / Entende?	You know?
Você está me entendendo?	Do you see what I mean?
Você me entendeu?	You know what I mean?
Você entendeu o que eu quis dizer?	Do you see what I'm saying?
Acho que eu não estou sendo muito claro.	I think maybe I'm not being very clear.

CUIDADO: Não diga, como em português, "Do you understand?" em inglês. Pode soar um pouco agressivo.

ORGANIZE Organize as expressões, colocando-as dentro das seções a seguir.

Quando não entendeu	Confirmando se entendeu	Confirmando se o ouvinte entendeu
I'm sorry, I don't understand.		

REPARE Repare como é útil a palavra *sorry* quando você não entende qualquer coisa.

Sorry...

- I don't understand
- I misunderstood
- you lost me
- I'm slow today

EXERCISE Veja no quadro a seguir que em inglês e em português podemos fazer a mesma pergunta de várias maneiras.

English	Portuguese
Do you have any questions? You have any questions? Have any questions? Any questions? Questions?	Você tem alguma pergunta? Tem alguma pergunta? Alguma pergunta?

Agora faça a mesma coisa com as seguintes perguntas. (O primeiro já foi feito para você.)

6 palavras

Do	you	see	what	I	mean

5 palavras

	You	see	what	I	mean

4 palavras

2 palavras

1 palavra

6 palavras

Do	you	know	what	I	mean?

5 palavras

	You	know	what	I	mean?

2 palavras

6 palavras

Do	you	see	what	I'm	saying?

5 palavras

4 palavras

6 palavras

Do	you	mean	Thursday?

3 palavras

ACTIVITY Conversation Practice Pergunte a um amigo sobre assuntos como: o que ele faz, a família dele, gostos de cinema e literatura etc. Mas finja que não entende exatamente o que ele quer dizer, e peça esclarecimento. Pode até ser chato se quiser!

LESSON 47

Comparando
Comparing

O propósito desta seção é ir muito além do básico para fazer comparações. Nesta unidade se aprende a fazer análises mais detalhadas.

LISTEN AND REPEAT Escute e repita as seguintes frases em inglês. *(Faixa 100)*

São (exatamente) iguais.	They're exactly alike. / They're exactly the same.
São muito parecidos.	They're very similar.
São mais ou menos iguais.	They're more or less the same.
A diferença é muito pequena.	The difference is minimal.
Quase não tem diferença (entre os dois).	There's almost no difference (between them).
Eu não vejo diferença.	I can't tell the difference.
Eu não sei os distinguir.	I don't know how to tell them apart.
São um pouco diferentes.	They're slightly different.
São bastante diferentes.	They're quite different.
São totalmente diferentes.	They're totally different.
Uma coisa não tem nada a ver com a outra.	One thing has nothing to do with the other.
Eu os separo em duas categorias bem diferentes.	I put them into completely different categories.
Um é [barato] e o outro é [mais útil].	One is [cheap] and the other is [more useful].
[X] é maior que [Y].	[X] is bigger than [Y].
[X] é mais [caro] do que [Y].	[X] is more [expensive] than [Y].
[X] é menos [caro] do que [Y].	[X] is less [expensive] than [Y].
[X] é bem [mais barato] do que [Y].	[X] is much [cheaper] than [Y].
[X] tem mais [espaço].	[X] has more [room].
[X] tem uma [infraestrutura] melhor.	[X] has a better [infrastructure].
[X] não é tão [interessante] quanto [Y].	[X] is not as [interesting] as [Y].
[X] é [bonito], mas [Y]é [mais bonito] ainda.	[X] is [nice], but [Y]is even [nicer].
[X] é o [mais bonito].	[X] is the [nicest].
[X] é o mais [comum].	[X] is the most [common].
[X] é o menos [caro].	[X] is the least [expensive].
[X] é de longe o [mais interessante].	[X] is by far the [most interesting].
...e [Y]é [melhor] ainda.	...and [Y]is [better] still.
Não tem comparação: [X] é o [melhor].	There's no comparison – [X] is the [best].

VOCABULARY Conecte uma palavra com a palavra de sentido oposto. (Um já foi feito para você.)

big	slow
dangerous	easy
fast	small
hard	expensive
old	safe
cheap	thin
fat	modern
rich	poor

GRAMMAR A regra para fazer comparações em inglês é um pouco mais complexa do que em português. São três regras básicas:

1. Quando a palavra tem 2 ou mais sílabas, a comparação é feita como em português:

Portuguese	English
moderno	modern
mais moderno	more modern
o mais moderno	the most modern

2. Quando a palavra tem só 1 sílaba, usam-se *-er* e *-est* ao final da palavra em vez de *more* e *most*:

Portuguese	English
rápido	fast
mais rápido	faster
o mais rápido	the fastest

3. Quando a palavra tem exatamente 2 sílabas, e a última sílaba é a letra *-y*, esse *-y* vira *-ier* e *-iest*:

Portuguese	English
feliz	happy
mais feliz	happier
o mais feliz	the happiest

Essas três regras existem porque o inglês tem influências germânica e latina. Quando a palavra é de origem latina, usa-se a fórmula que é parecida com o português, e quando é uma palavra de origem germânica, usa-se a outra regra.

Uma observação importante é que na regra 2 ocorrem mudanças na ortografia quando a palavra termina em uma vogal+consoante. Nesses casos, a consoante se duplica, por exemplo:

big → bi**gg**er fat → fa**tt**er thin → thi**nn**er

CUIDADO Lembre-se de que em português todas as vogais se pronunciam individualmente, mas em inglês isso não acontece. Isso afeta o número de sílabas pronunciadas. Por exemplo, a palavra *young*, apesar de ter duas vogais, só tem uma sílaba, pois o combinação de *–ou* tem um som só neste caso – e por isso a comparação é feita com *–er* e *–est*. Outro exemplo é a palavra *friendly*. As letras *–ie* neste caso também produzem um só som, e por isso se encaixa na regra número 3 acima. Na dúvida, consulte um dicionário.

Agora pratique essas regras organizando as palavras a seguir nas duas caixas.

cosmopolitan small dangerous thin cold urban famous easy developed old exotic poor slow big European tropical young fat hard friendly safe hot boring modern interesting beautiful delicious rich intellectual diverse fast expensive cheap sophisticated

1 SYLLABLE (or with –y ending)

big	bigger	
		than

2+ SYLLABLES

interesting	more interesting	
		than

REPARE Os adjetivos *good* e *bad* são diferentes:
good → better → the best
bad → worse → the worst

ACTIVITY 1 Faça comparações entre as coisas a seguir usando as expressões e vocabulário desta lição. (Pode usar um dicionário para achar mais palavras.)

McDonald's vs. Bob's

. . . .

. . . .

Spanish vs. Portuguese

. . . .

. . . .

Rio de Janeiro vs. São Paulo

. . . .

. . . .

Pepsi vs. Coca-Cola

. . . .

. . . .

Globo vs. SBT

. . . .

. . . .

Gisele Bündchen vs. Luma de Oliveira

. . . .

. . . .

cats vs. dogs

. . . .

. . . .

American films vs. Brazilian films

. . . .

. . . .

ACTIVITY 2 Conversation Practice

Agora compartilhe o que você escreveu com outras ou mais pessoas e veja que comparações elas fizeram. Concordaram com você?

LESSON 48

Conselhos
Advice

Uma das palavras mais úteis na hora de dar um conselho é o verbo *would*. Por exemplo, *I would take the job* ("Eu aceitaria o trabalho") em vez de *Take the job* ("Aceite o trabalho"). A palavra *maybe* é muito útil para amenizar um conselho. Por exemplo *Maybe you can go to Salvador* fica mais diplomático do que *You can go to Salvador.*

LISTEN AND REPEAT Escute e repita as seguintes frases em inglês. *(Faixa 101)*

Dando um conselho	Giving advice
Por que você não...?	Why don't you...?
Talvez você deva / possa...	Maybe you should / could...
Você deveria...	You should...
É melhor (ir a...)	You'd better [go to...]
Você poderia...	You could...
Talvez seja uma boa ideia (ir...)	Maybe it would be a good idea [to go...]
Se eu fosse você, eu...	If I were you, I'd...
Eu acho que você deve...	I think you should...
Bom, o que eu sempre faço é...	Well, what I always do is...
Você tem de fazer o que for melhor para você.	You have to do what's best for you.
Só você pode decidir isso.	You have to decide for yourself.
Ninguém pode decidir por você.	No one can decide for you.
Recebendo um conselho	Receiving advice
Talvez você tenha razão.	Maybe you're right.
Talvez seja interessante isso.	That might be a good idea.
Boa ideia.	Good idea.
Eu sei.	I know.
Não sei...	I don't know...
Vou pensar.	I have to think about it.
É, talvez.	Yeah, maybe.
Vamos ver.	We'll see.
Eu vou dar um jeito.	I'll figure something out.

EXERCISE 1

Junte uma letra com um número para formar uma expressão completa.

1. Why don't you	a. what's best for you.
2. If I were you,	b. decide for yourself.
3. No one can	c. decide for you
4. You have to do	d. go to Europe?
5. You have to	e. I'd go to Canada.

EXERCISE 2

A expressão *you'd better* é especial porque significa que se a pessoa não fizer o que você está sendo aconselhado, ela corre algum perigo. Existe, então, graus de urgência entre as expressões:

NÃO URGENTE → *Maybe you should...*

MAIS URGENTE → *If I were you, I'd...*

URGENTE → *You'd better...*

No quadro a seguir, use a expressão apropriada segundo a urgência da situação. (O primeiro é um exemplo.)

Situation		**Solution**
Alexander has a little bit of a cold.	*Maybe you should*	take vitamin C
Alexander has had a backache for one week.		see a doctor.
Alexander has broken his arm.		go to the hospital.
Mary has to be at work at nine o'clock. It is now seven o'clock.		walk to work
Mary has to be at work at nine o'clock. It is now eight o'clock.		take the bus
Mary has to be at work at nine o'clock. It is now 8:45.		take a taxi
John is going to study in France next year.		learn French
John is now in France.		learn French
John will arrive in France next month.		learn French

ACTIVITY 1

Para cada problema abaixo escreva um conselho usando as expressões desta lição.

ADVICE

ADVICE

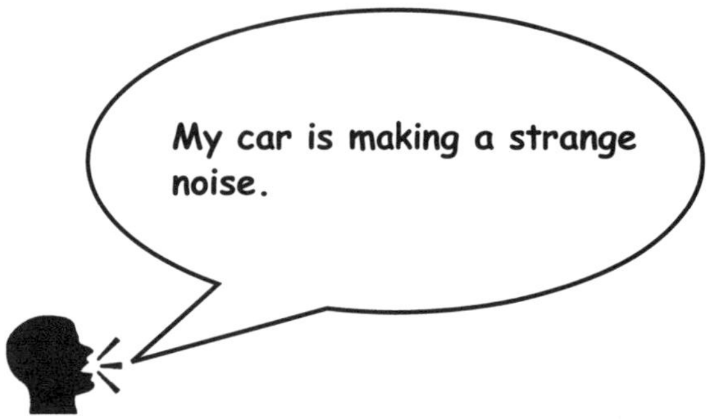

ADVICE

ADVICE

ADVICE

. . . .
. . . .
. . . .
. . . .
. . . .

ACTIVITY 2 Agora conte os problemas acima para outra pessoa como se fosse você falando. Que conselhos você recebe? Recebeu os conselhos usando as expressões desta lição?

ACTIVITY 3 Conte um problema ou vários problemas pessoais (podem ser reais ou não) para um amigo e escute os conselhos que der.

LESSON 49

Hospedagem 1 – O check-in
Hotels and Accommodation 1 – The check-in

Esta lição aborda a linguagem mais comum a partir do momento do check-in até chegar ao quarto.

LISTEN AND REPEAT Escute e repita as seguintes frases em inglês. *(Faixa 102)*

Oi. Eu gostaria de fazer o check-in.	Hi. I'm checking in.
Eu tenho uma reserva.	I have a reservation.
Em nome de [Silva].	Under the name [Silva].
Aqui está o comprovante.	Here's the confirmation.
Tem [tv a cabo] nos quartos?	Does the room have [cable TV]?
Tem banheiro no quarto?	Is there a bathroom in the room?
Com café da manhã?	Is breakfast included?
Tem alguma vista?	Does it have a view?
Gostaria/Gostaríamos de uma vista para [o mar], se possível.	I'd/We'd like a view facing [the ocean], if possible.
Eu prefiro quarto com [cama king].	I prefer a room with [a king size bed].
Preciso ser acordado às [7:30].	I need a wake-up call at [7:30].
A que horas é o check-out?	What time is check-out?
Como faço para conseguir uma linha externa?	How do I get an outside line?
Posso deixar minha bagagem na recepção?	Can I leave my bags at the front desk?
Posso deixar meus objetos de valor no cofre?	Can I leave my valuables in the safe?
Onde fica o [correio] mais próximo?	Where is the nearest [post office]?

CUIDADO: Em português é possivel falar o substantivo sem o artigo. Ou seja, enquanto em português está correto dizer "Tem banheiro?" e não "Tem um banheiro?", em inglês é obrigatório: "Is there **a** bathroom?'

EXERCISE 1

Escreva uma frase à esquerda que antecederia a resposta à direita.

1. ______________________________ Yes, it has a view of the beach.
2. ______________________________ It's at noon.
3. ______________________________ Just dial 9.
4. ______________________________ 7:30? No problem.
5. ______________________________ There's a safe in the room.

CUIDADO: Não traduza literalmente a palavra "tem" em português. ("Tem banheiro?" ou "Tem frigobar?") Um erro comum é dizer "Have bathroom?" e "Has minibar?". O correto é "**Does it have** a bathroom?" ou "**Is there** a minibar?".

EXERCISE 2

Uma das terminações das frases em cada linha a seguir não faz sentido. Circule-a.

Does the room have
- a reservation?
- air conditioning?
- a mini bar?
- cable TV?

I prefer a room with
- a view
- air conditioning
- non-smoking
- a double bed

Is there
- a pool?
- parking?
- a view?
- a bed?

Where is the nearest
- post office
- hotel
- bus stop
- restaurant

ACTIVITY 1 Conversation Practice

Imagine que você quer viajar e está procurando hotéis. Você liga para o "Hotel Happiness" (sem olhar o anúncio abaixo) para fazer perguntas ao dono (seu companheiro).

HOTEL HAPPINESS

$45 a night!
Ocean view!
Swimming pool!

Every room comes complete* with minibar, air conditioning, safe, cable TV and hair dryer.

*Breakfast not included.

ACTIVITY 2 Conversation Practice

Agora crie seu próprio hotel e faça alguém ligar para você pedindo informações. Use o anúncio acima como modelo.

LESSON 50

Hospedagem 2 – Depois do check-in

Hotels and Accommodation 2 – After check-in

LISTEN AND REPEAT Escute e repita as seguintes frases em inglês. *(Faixa 103)*

Tem algum recado para mim?	Do I have any messages?
A pia/o ralo do chuveiro está entupido.	The sink/shower drain is clogged.
O vaso não está dando descarga.	The toilet isn't flushing.
Não tem água quente.	There's no hot water.
O [aquecimento/ar-condicionado] não está funcionando.	The [heating/air-conditioning] isn't working.
Será que tem alguém para consertá-lo?	Could I get someone to fix it, please?
Eu gostaria de trocar as toalhas no quarto [22], por favor.	I'd like some fresh towels in room [22], please.
Gostaria de trocar de quarto, por favor.	I'd like to change rooms, please.
Gostaria de ficar mais um dia, por favor.	I'd like to keep the room an extra day, please.
Gostaria de fechar a conta, por favor.	I'd like to check out, please.
Você poderia fazer uma conta separada para o telefone, por favor?	Could you put my phone calls on a separate bill, please?
Aqui é o quarto 22. Vocês poderiam mandar alguém vir buscar a bagagem, por favor?	This is room 22. Could you send someone for our luggage, please?

EXERCISE 1

Escreva a frase mais provável em cada linha.

1. ________________________________ Yes. Your wife called.
2. ________________________________ And did you enjoy your stay?
3. ________________________________ How many pieces, sir?
4. ________________________________ I'm sorry, sir. The hotel is full.
5. ________________________________ How many would you like, ma'am?

EXERCISE 2

Em cada uma das frases a seguir, uma ou duas palavras foram trocadas com a de outra frase. Encontre-as e corrija-as.

1. Do I have any water?
2. The sink drain is flushing.
3. The luggage isn't flushing.
4. There's no clogged water.
5. The room isn't working.
6. Could I get someone to keep it, please?
7. I'd like some fresh air-conditioning in room (22), please.
8. I'd like to change messages, please.
9. I'd like to keep the toilet an extra day, please.
10. I'd like to send someone, please.
11. Could you put my phone calls on a separate room, please?
12. This is room 22. Could you check out for our luggage, please?

EXERCISE 3

Coloque as seguintes frases em sua forma mais educada.

1. I'm going to check out now.

. . . .

2. Put my phone calls on a separate bill.

. . . .

3. Give me the room for an extra day.

. . . .

4. Fix it!

. . . .

5. Where are my fresh towels?!

. . . .

6. I want to change rooms.

. . . .

7. Come get my luggage!

. . . .

CUIDADO: Não fale "has no hot water" ou "has a problem in the bathroom". Isto é uma tradução do "tem" em português, um erro comum dos brasileiros. Sempre fale "there is no hot water" e "there's a problem in the bathroom".

EXERCISE 4

Albert está hospedado em um hotel de quinta categoria. A seguir, leia as situações e escreva qual é o problema no quarto.

1. Albert wants to take a nice, long, relaxing shower after a long day in business meetings. But when he turns on the shower....

. . . .

2. It's summer time and it's about 35 degrees centigrade outside. Albert is boiling. He's tired, and to make matters worse...

. . . .

3. After his shower, he notices that the water isn't going down.

. . . .

EXERCISE 5

Em cada número a seguir, escolhe a frase que viria primeiro.

1. a. Do I have any messages? b. Could you put my phone calls on a separate bill, please?
2. a. The sink/shower drain is clogged. b. There's no hot water.
3. a. The heating isn't working. b. Could I get someone to fix it, please?
4. a. I'd like to change rooms, please. b. Could you send someone for our luggage, please?
5. a. I'd like to check out, please. b. I'd like to keep the room an extra day, please.

CONVERSATION PRACTICE Você está hospedado em um hotel cheio de problemas. Ligue para a recepção (seu parceiro) para pedir ajuda ou para reclamar.

Respostas dos Exercícios

Lesson 1

ORGANIZE

Greetings	Asking a person's name	Introducing someone	Saying goodbye
How are you? How are you doing? Nice to meet you (too). You must be Silvia. At last! We meet!	What's your name?	Do you know João? I'd like you to meet... I've heard a lot about you. All good, I hope.	(It was) Nice meeting you. See you (later).

EXERCISE 1 Dialogue

1. How are you? / How are you doing? 2. Nice to meet you. 3. (seu nome)

EXERCISE 2 **Matching**

1. Nice to meet you. 2. See you. 3. I'd like you to meet Chris.

LISTENING Meeting or saying goodbye

1. MEETING 2. SAYING GOODBYE 3. MEETING 4. MEETING 5. MEETING

Lesson 2

ORGANIZE

Talking about the time that has passed[1]	Talking about the person's appearance[2]	Talking about the person's life now[3]	Confirming information/ asking for updates[4]
Hey! Long time no see! It's been so long! How long has it been? Has it been that long? How time flies!	You look great! Wow! Have you lost weight? You haven't changed a bit. You always look good.	So, what have you been doing? How's [Ricardo]? How are the kids?	I hear you [got married]. Are you still working at [ITT]? Are you still at the same number? Are you still living in....

EXERCISE 1

1. How long has it been? — About five years.
2. Wow! Have you lost weight? — About two kilos.
3. How's (Ricardo)? / How are the kids? — Fine, thanks.
4. Are you still at the same number? — No, it's now 555-1234.
5. How are the kids? — They're fine.

LISTENING AND SPEAKING

1. a. Two years. 2. a. Thank you. 3. a. No, now I work for ITT. 4. b. She's fine. 5. b. Yes. 555-1234.

Lesson 3

EXERCISE 1

1. How old are you? — Twenty-eight.
2. Are you married? — Divorced.
3. Do you like jazz (music)? — Yes, I love jazz music.
4. What do you do? — I'm an architect.
5. What's your sign? — Sagittarius.

EXERCISE 2

"Do you like jazz?"

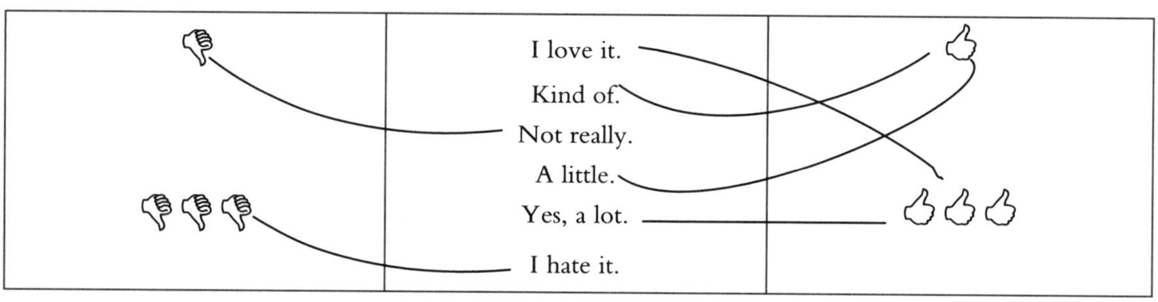

LISTENING AND SPEAKING

1. a. Brazil. 2. a. I'm a teacher. 3. b. No, I'm single. 4. a. On Rua Amélia. 5. b. One son.[1]

[1] *Um filho*

Lesson 4

LISTENING Who's talking?

1. a; 2. b; 3. a

Lesson 5

LISTENING John's life

1. Onde foi que John cresceu? — Miami
2. Ele cresceu num bairro pobre? — No
3. Passou a vida toda lá? — No
4. Onde fez faculdade? — University of Chicago
5. Formou-se em quê? — Marketing

Lesson 6

ORGANIZE

General impression of a person's physical appearance	Describing hair	Describing weight
You're/She's/He's (really) good-looking.	It's about shoulder-length.	I'm/You're/He's/She's getting fat.
You're/She's beautiful.	My/His/Her hair is thinning.	I'm/You're/He's/She's a little overweight.
You're/She's/He's so cute.	I'm/He's bald.	
He/She takes good care of himself/herself.	I'm/She's a brunette.	I've/You've/He's/She's put on a little weight.
He's/She's in good shape.	I'm/He's/She's a blond.	I'm/You're/He's/She's a little chubby.
	I'm/He's/She's a redhead.	I'm/You're/He's/She's big-boned.
	He/She has [curly] hair.	I'm/You're/He's/She's a little heavy.
		I'm/You're/He's/She's thin.
		I'm/You're/He's/She's slim.
		I've/You've/He's/She's lost (a lot of) weight
		I'm/You're/He's/She's skinny.

EXERCISE 1

1. [He's] a little overweight. 2. [She's] put on a little weight. 3. [He's] a little chubby. 4. [She's] a little heavy.

EXERCISE 2

1. c 2. d 3. a 4. b

EXERCISE 3

(As respostas a seguir devem servir apenas como um modelo de respostas possíveis. Como o objetivo do exercício é que o leitor contribua com respostas ou opiniões pessoais, relevantes a ele, não há respostas "corretas".)

1. Brad Pitt – He's blond and good looking.
2. Jô Soares – He's overweight and his hair is thinning.
3. Luana Piovani – She's beautiful with shoulder-length hair.
4. Gisele Bündchen – She's really good looking and has long, wavy hair.

Lesson 7

EXERCISE 1

1. Your daughter is so beautiful. What _is_ _her_ **name**/names?
2. You have two sons? What _are_ , _their_ name/**names**?
3. Your son is two years old? He's so big! What _is_ _his_ **name**/names?
4. You have a little girl, too? What _is_ _her_ **name**/names?
5. I heard you got married and had two boys. What _are_ _their_ name/**names**?

EXERCISE 2

1. My son John is in college now. Oh really? How old _is he_?
2. My daughter lives in New York. Oh really? How old _is she_?

3. I have three sons. — Oh really? How old are the ?
4. It's my son's birthday today. — Oh really? How old is he ?
5. My kids, Linda and Daniel, love rap music. — Oh really? How old are they ?

LISTENING AND SPEAKING 1

1. 39 2. 15 3. 22 4. 30 33 5. 7

LISTENING AND SPEAKING 2

1. 

2. 

3. 

4. 

5.  

Lesson 8

EXERCISE 1

1. I have two brothers. — Elizabeth
2. I'm the oldest. — John
3. My brothers are students. — Elizabeth
4. I'm the youngest. — Mark
5. I'm an only child. — (ninguém)
6. I'm in the middle. — Elizabeth

EXERCISE 2

Ele tem 30 anos, então é o mais velho

"brothers" só pode ser irmão masculino

My name is Erik, and I'm from San Francisco, California. I'm 30 years old. I have four (brothers): Maria, Monica, William and Jackson. Maria is 12 years old, Monica 18, William 25 and Jackson 29. I'm the (youngest). Maria and Monica still live with my parents in San Francisco, but William and Jackson live in Los Angeles. I'm Brazilian, but my parents are from Italy. My father was an only child, but my mother comes from a (small) family - she has 8 brothers and 9 sisters. I also have family in New York, but I haven't spoken to them for a long time – we're very (close.) My father is a pharmacist, my mother is a dermatologist, William is an orthopedist and Jackson is a cardiologist. I'm a endocrinologist – I guess I'm kind of the (black sheep) of the family.

Tem 17 irmãos – não é família pequena

Também seguiu uma profissão médica – não é "a ovelha negra" da família

Se faz muito tempo que não fala com eles, não podem ser muito próximos (close)

Lesson 9

ORGANIZE

Questions about school	Questions about work	Questions for both
What's your major? What year are you? How long till you graduate? Do you like your professors?	And what does that involve (exactly)? What line of work are you in? What sort of business are you in? What kind of [doctor]? Where do you work? Is it a big/small company? How did you start working there? What are the hours like? What's the pay like? How long have you been there? How long have you been doing that? Have you always been a[n engineer]? Do you have to [travel a lot]?	So, what do you do? Do you work/study? What area of [engineering] (exactly)? Is it hard? Where is [that] located? How do you like it? It's a lot of work, isn't it? Is it pretty [competitive]?

EXERCISE 1

1.	So, what do you do?	I'm a doctor.
2. Oh really?	What kind of doctor?	Orthopedist.
3. Interesting.	Where do you work?	St. Mary's Hospital.
4.	Where is that located?	On Market Street.
5.	What are the hours like?	I work around forty to fifty hours a week.
6. Wow	How long have you been doing that?	Eleven years.
7.	How do you like it?	I love it.

EXERCISE 2

1.	So, what do you do?	I'm a student.
2. Oh really?	What's your major?	Medicine.
3. Medicine?	What area of medicine exactly?	I haven't decided yet.
4.	What year are you?	I'm in my third year now.
5.	How long till you graduate?	I finish next year.
6. Great.	Do you like your professors?	They're OK.
7.	It's a lot of work, isn't it?	It is, but I enjoy it.

Lesson 10

ORGANIZE

(Nem todas as expressões não se encaixam.)

"What do you do?"	"And what does that involve?"	"How long have you been doing that?"	"How do you like it?"
I'm an accountant I work for [IBN]. I study [engineering]. I work as a [designer] I work as a kind of [programmer] I guess you could say I'm a kind of [manager]. I work in [education]. I work with [computers].	Basically, I [control stock]. Typically, what I do is [monitor sales]. My job mostly involves [controlling costs].	I started working there in [1998]. I've been working there for [9] years.	I really like it. It's quite [interesting]. It's a little stressful sometimes. It's never boring. I like the people I work with. The people I work with are really[interesting].

Lesson 11

EXERCISE 1

1. Where are you from?
2. Are you here for work / on vacation?
3. How did you like it?
4. How do you like the food?
5. Call me and we'll do something.
   ou
   It would be my pleasure to show you around the city.

ACTIVITY 1 Personalize
(As respostas a seguir devem servir apenas como um modelo de respostas possíveis. Como o objetivo do exercício é que o leitor contribuia com respostas ou opiniões pessoais, relevantes a ele, não há respostas "corretas".)

My city has many wonderful things. You have to try the *"escondidinho de charque"* and the *"arroz carreteiro"*. Oh, make sure you go to *Olinda* It's really great. And do you like *the beach*? Then you should go to *Porto de Galinhas*. It's the best! Have you been to *Recife Antigo*? No? You have to go. Let me give you my *cell phone number*. It's 555-2234. It would be my pleasure to show you around *Recife*! Nice meeting you!

Lesson 12

EXERCISE 1

1. she's 2. he's 3. he's 4. them 5. she's 6. they're

Lesson 13

ORGANIZE

Agreeing	Disagreeing
That's true. I agree. I think so, too. Me, too. Me neither. I agree completely. I couldn't agree more. I agree a hundred percent. Definitely. Certainly. Absolutely. Of course.	That's not true. I don't agree. I don't think so. I don't see it that way. I understand what you're saying, but... I agree that [it's not perfect] , but... I agree up to a point.
Asking if they agree	**Not disagreeing or agreeing**
Don't you think so? Wouldn't you say that [Brazilians are friendly]? Don't you agree?	I'm not saying I agree or disagree. I see your point. I can see what you're saying. I understand what you're saying. That's an interesting way of looking at [it]. I've never really thought of it that way before. Well, yes and no.

LISTENING Agree, disagree or neither?

1.  2.  3.  4.  5.  6. 

Lesson 14

ORGANIZE

Asking about a person's comfort	Declaring your need
Are you hungry? Are you thirsty? You look tired. Are you cold/hot? Do you have a [sweater]? Aren't you hot? Why don't you take off your [sweater]? Why don't you put on your [sweater]?	A little. No, not really. No, I'm fine. (Thanks.) I'm hungry. I'm starving. I'm thirsty. I'm dying of thirst. I'm tired. I'm exhausted. I'm sleepy. I'm going to bed. I have to go to the bathroom. I have to go pee. I'm cold/hot. I'm freezing. I'm boiling.

VOCABULARY

I'm

hungry
starving
thirsty
tired
exhausted
sleepy
hot
cold
freezing
dying of thirst

EXERCISE 1

1. I'm hungry. / I'm starving.	Oh really? Would you like a sandwich?
2. I'm cold. / I'm freezing.	Really? Do you want me to close the window?
3. I'm tired. / I'm sleepy.	Me too. Let's go to bed.
4. I'm hot. / I'm boiling.	Why don't you take off your jacket?
5. I'm thirsty. / I'm dying of thirst.	I have water, juice, soda...

VOCABULARY 1

1-c; 2-a; 3-b; 4-e; 5-d

Lesson 15

EXERCISE

1. d. *Gladiator.* 2. a. Not really. 3. c. They say it's not very good.

LISTENING AND SPEAKING

1. ...Casablanca?
2. ...Matrix?
3. ...Titanic?
4. ...Gladiator?
5. ...City of God?

Lesson 16

EXERCISE 1

1-b; 2-a; 3-e; 4-c; 5-d

EXERCISE 2

1. TB 2. MB 3. CV 4. TB 5. MB 6. CV

LISTENING Which artist?

1. MB 2. TB 3. MB 4. CV

Lesson 17

EXERCISE 1

I found it a little...

- **boring**
- predictable
- dry
- thin

EXERCISE 2

1. Do you like to read?
- ☒ I love to read.
- ☐ I just started reading it.
- ☒ I don't have a lot of time.

2. What kind of books do you like?
- ☐ I love to read.
- ☒ All kinds.
- ☒ Mystery novels.

Did you like it?
- ☒ I couldn't put it down.
- ☒ I found it a little predictable.
- ☐ I'm almost finished.

LISTENING Did they like it?

1. 👍 2. 👎 3. 👎 4. 👍 5. 👍

Lesson 18

EXERCISE 1 Grammar

not many	
a few	
around five	**people**
not many	
billions of	

a little	
a large sum	
an enormous amount of	**money**
not very much	

EXERCISE 2 Vague trivia

1. d. Few. 2. b. Just a little. 3. c. Not many. 4. a. Not very much. 5. d. Hundreds.

Lesson 19

EXERCISE 2

1. Two heads are better than one.
2. Don't look a gift horse in the mouth.
3. No use crying over spilt milk.
4. Don't bite the hand that feeds you.

EXERCISE 3

1. c; 2. e; 3. a; 4. b; 5. d

Lesson 20

LISTENING A funny story

3

2

4

1

EXERCISE

1. I was in my car
2. washed my car
3. I noticed
4. and so I looked
5. Can you believe that?
6. and I went back to the car wash
7. So I said
8. Just then my cell phone rings
9. And then it hit me:
10. To make matters worse
11. I felt terrible

Lesson 21

ORGANIZE

Buying time	Attempting a description
Let me see...	It's kind of...
Let me think...	It's [green]-ish.
It's hard to say...	It's like...
How can I explain it?	...for lack of a better word.
It's kind of hard to explain/describe.	...something like that.
you know...	Something like...
I don't know...	...or whatever.
I don't know the word/expression in English.	It (kind of) reminds me of...
I think you don't really have an equivalent in English/your country.	
What's the word I'm looking for...	
I don't know how to describe it...	
It's kind of a long story.	

EXERCISE

1. history of Brazil 2. guaraná 3. axé music 4. cara de pau 5. sertaneja 6. saudades

Lesson 22

EXERCISE 1

	The point is...
✓	The main thing is...
✓	The bottom line is...
✓	What it all comes down to is...
✓	What it all comes down to is this:
✓	It all comes down to...
	In the end...
	The fact is...
✓	What we're really talking about here is...
✓	The real issue here is...
	Here's the thing: ...
	All I know is...
	What I'm saying is...
	No matter how you look at it...
	Anyway, ...

EXERCISE 2

1. d; 2. e; 3. c; 4. a; 5.b

Lesson 23

EXERCISE

I'm having problems with my computer.	That's true.	☐
	Oh yeah?	☒
Yeah. It's probably a virus.	Right.	☒
	Interesting.	☐
But my anti-virus software can't find it.	Hmm.	☒
	Nice.	☐
I think I'm going to have to restart the whole system.	OK.	☐
	Yeah.	☒

LISTENING AND SPEAKING

1. a. Oh, really? 2. a. Right. 3. b. I see. 4. b. Interesting. 5. a. Really? 6. a. Great.

LISTENING What are they talking about?

CONVERSATION 1 GOOD NEWS
CONVERSATION 2 FLIRTATION
CONVERSATION 3 BUSINESS

Lesson 24

ORGANIZE

Obligations	Invitations	Asking for information
Well, I have to go. Listen, I have to talk to some people over there. It was nice talking to you. Listen, I'm going to say hi to a friend of mine over there. I'll see you later, OK?	We should get together some time. Maybe we can get together some time. Give me a call some time.	What was your name again? Do you know where the bathroom is? Wow. Is that the time? How can I get in touch with you? Do you have a card? What's your e-mail? Can I give you a call sometime?

EXERCISE

1.	Well, it was really nice talking to you.	Nice talking to you, too.
2.	What was your name again?	Victor.
3.	We should get together some time. / Maybe we can get together some time. / Can I give you a call sometime?	Sure. That would be nice.
4.	How can I get in touch with you? / What's your e-mail? / Can I give you a call sometime?	Well, let me give you my card.

LISTENING Want to end?

1. YES 2. NO 3. YES 4. YES 5. NO

Lesson 25

ORGANIZE

Asking for news
So, what's new?
Do you have any news about…?
Have you heard anything about...?

Giving good news
I have some good news.
Good news!
Guess what?

Giving bad news
Guess what?
(I have) bad news.
I'm sorry to say...
I hate to tell you this, but...
I wish I had better news for you.
I hate to be the one to give you the news.

Reacting to good news
Oh, that's great!
I'm glad to hear that.
Congratulations!
You're kidding!

Reacting to bad news
Oh no!
You're kidding?
I'm sorry to hear that.

VOCABULARY

1. get married ⟺ get divorced
2. get a job ⟺ get fired
3. win ⟺ lose
4. pass the test ⟺ fail

EXERCISE

1. I got the job. — a. Oh, that's great!
2. Sandy and I are getting a divorce. — b. Oh no!
3. I won. — a. Oh, that's great!
4. I got fired. — b. Oh no!
5. My son is getting married. — a. Oh, that's great!
6. I passed. — a. Oh, that's great!

a. Oh, that's great!

b. Oh no!

LISTENING Good or bad news?

1. 😐
2. 😐
3. 😐
4. 😊
5. 😊

CONVERSATION PRACTICE

Good events	Bad events
get married	get sick
get a raise	get divorced
get the contract	get replaced
get a promotion	get a speeding ticket
get a new car	
get a second chance	

Lesson 26

LISTENING Surprise or No surprise?

1. NO SURPRISE
2. SURPRISE
3. NO SURPRISE
4. NO SURPRISE
5. SURPRISE
6. SURPRISE

EXERCISE

1. I ~~could've~~ (should've) known.
2. You(re) kidding!
3. Who ~~more~~ (else)?
4. I was ~~scared~~ (afraid) of that.
5. I can't believe(it!)
6. I ↓knew it.

Lesson 27

ORGANIZE

Past	Present	Future	Duration	Frequency
a long time ago It's been a long time since.... The other day Not too long ago... Some days ago... Recently...	For some time now These days	Sometime in the future At any moment Any time now Any day now Some day One of these days Sometime [next week] sometime	(For) a while Quite a while For some time For some time now A long time	Sometimes Once in a while All the time

EXERCISE

1-c; 2-a; 3-a; 4-b; 5-d

LISTENING Past or Future?

1. PAST 2. FUTURE 3. FUTURE 4. PAST 5. FUTURE 6. PAST

ACTIVITY 1 Personalize

(As respostas a seguir devem servir apenas como um modelo de respostas possíveis. Como o objetivo do exercício é que o leitor contribua com respostas ou opiniões pessoais, relevantes a ele, não há respostas "corretas".)

I have studied English for some time now.

Recently, I traveled to Santa Catarina.

The other day, I had dinner with an old friend.

Once in a while, I look at old photographs.

One of these days, I'm going to win the lottery.

I am going to become famous sometime in the future.

These days, I don't have a lot of money.

I go dancing all the time.

Sometime next year, I'm going to perfect my English.

Any day now, Brazil is going to recover economically.

It's been a long time since I called my mother.

Someday I'm going to learn Japanese.

Lesson 28

ORGANIZE

Inviting
There's going to be a party
There's a [sushi bar that just opened]. I'm going [to the movies] (on Friday). Would you like to [go to the movies]? Would you like to come? I would love for you to come. Why don't you come? You can invite a friend, too, if you want. Bring [John].

Accepting	**Declining**
Sure. Sounds good. I wouldn't miss it for the world.	Sorry, I can't. I have to... I'd love to, but [I have to study]. I wish I could. Maybe some other time. Maybe next time. I wish you had told me sooner. Any other time I would, but [today I can't].

VOCABULARY

Go

dancing

skiing

swimming

bowling

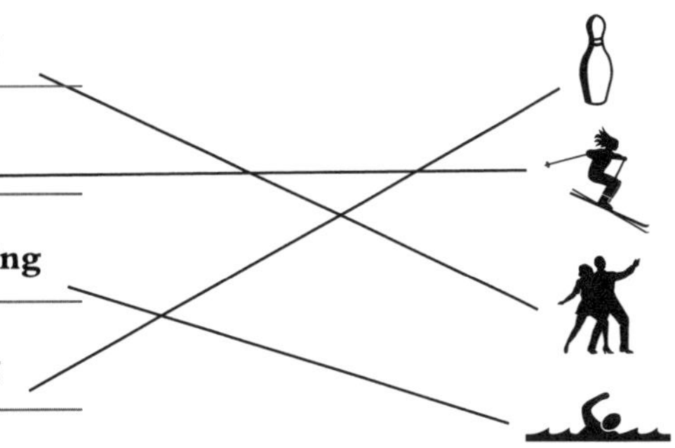

Lesson 29

EXERCISE

1. So where do we meet?

   (a) How about your hotel?
   (b) Wherever you want.
   c. Sounds good.

2. Would you like to meet me at my office?

   a. How's that?
   (b) Can you tell me how to get there?
   (c) Sure. What time?

3. How about 8:30?

(a.) Sounds good.
(b.) 8 o'clock would be better, actually.
c. We could meet there.

LISTENING AND SPEAKING

1. a. It's up to you.
2. a. How about six o'clock?
3. b. Sounds good.
4. a. Whatever's best for you.
5. b. So I'll see you at six o'clock.

Lesson 30

LISTENING Directions

3___ John to the post office

____Mary to your office

2___ John to your house

1___Mary to the stadium

EXERCISE

1. cinema 2. hotel 3. your house 4. information center 5. Easy Street 6. theater

Lesson 31

EXERCISE 1

_5_ What can I get you to drink?
_3_ Please come in.
_4_ Let me take your coat.
_2_ You made it!
_6_ We have Coke, beer…
_1_ Oh, hi!

EXERCISE 2

Let me take your…
coat
jacket
(pants)
suitcase

Would you like some…
wine
pizza
water
(delivery)

What can I get you to…
eat
drink
(snack)

We have…
(food)
beer
chips
ice cream

EXERCISE 3

1. Did you have any trouble finding it? — No, it was easy.
2. Are you hungry? — No, I just ate. Thanks.
3. Are you hungry? / Can I get you anything to [drink]? — No, I'm fine. Thanks.
4. Are you sure? — Well, OK.
5. Can I get you anything to drink? / We have soda, water, beer. — Just water, thanks.

Lesson 32

LISTENING Giver or receiver?

1. GIVER 2. RECEIVER 3. RECEIVER 4. GIVER 5. RECEIVER 6. GIVER

GRAMMAR

1. Can I open it?
2. Go ahead. Open it.
3. Do you like it?
4. I hope you like it.
5. I think you'll like it.
6. I'm glad you like it.
7. It Is a very nice gift.
8. I hope it is your size.
9. When I saw it I thought of you.
10. If you don't like it I can exchange it for you.

Lesson 33

GRAMMAR

1. I'm picky about **my** clothes.

2. We basically keep to **our**selves.

3. They always meet **their** obligations.

4. She's not afraid to speak **her** mind.

5. He's a man of **his** word.

EXERCISE 2

intelligent	I'm a fast learner
introverted	He keeps to himself.
reliable	He's a man of his word.
motherly	She has a way with kids.
cooperative	She's a team player.
selective	He's picky.
humble	I'm not afraid to admit when I'm wrong.
outspoken	She's not afraid to speak her mind.
stubborn	She doesn't take no for an answer.

Lesson 34

EXERCISE

1. Hi, may I speak to Ana Paula please?
2. Do you know when she'll be back?
3. Can you hear me OK?
4. Excuse me?
5. I tried calling you earlier, but I got your voice mail.
6. Did you get my message?
7. I'll call back later.

Lesson 35

EXERCISE

1-d; 2-a; 3-e; 4-b; 5-c

LISTENING AND SPEAKING

1. b. Sorry, we got cut off.
2. b. I think we got a bad line.
3. b. Just a second. I have another call.
4. b. I can barely hear you.

LISTENING

1. 

2. 

3. 

4. 

5. 

6. 

Lesson 36

EXERCISE

1-c; 2-a; 3-a; 4-b; 5-d

GRAMMAR

1. **HE'S**/SHE'S in a meeting.
2. HE'LL/**SHE'LL** be back on Monday.
3. I'll give **HIM**/HER the message.
4. I'll tell HIM/**HER** you called.
5. You can try HIS/**HER** cell phone.

LISTENING AND SPEAKING

1. NAME: Chris Rob
TELEPHONE: 610-555-9762

2. NAME: Jim Dean
TELEPHONE: 702-431-0089

3. NAME: Steve Martin
TELEPHONE: 905-774-0256

Lesson 37

EXERCISE 1

Pedro: Call Mary (4:30 pm)	*Pedro: Mary is going to be late*	*Pedro: Mary called (4:30)*
1. Can you tell him to call Mary?	2. Can you tell him that I'm stuck in traffic?	3. Can you tell him that Mary called?

EXERCISE 2

I was just calling to

say	**you're feeling.**
see how	**the movies.**
let you know that	**what time you arrive.**
ask you	**happy birthday.**
invite you to	**everything is OK.**

Lesson 38

VOCABULARY 1

head

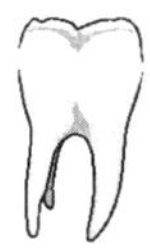

tooth

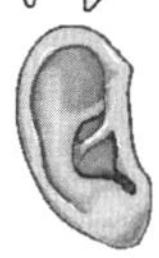

ear

ache

back

stomach

LISTENING AND SPEAKING

1.

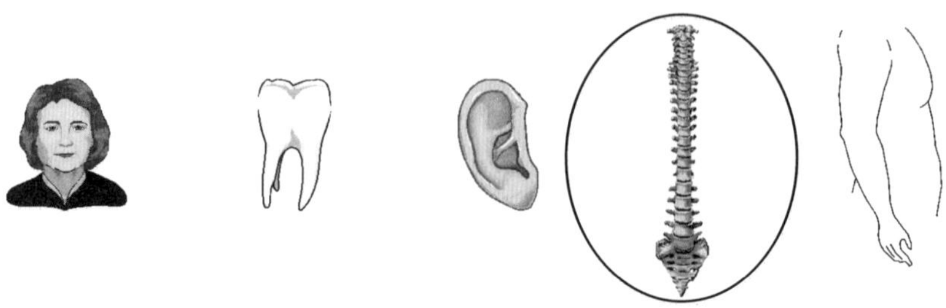

2. 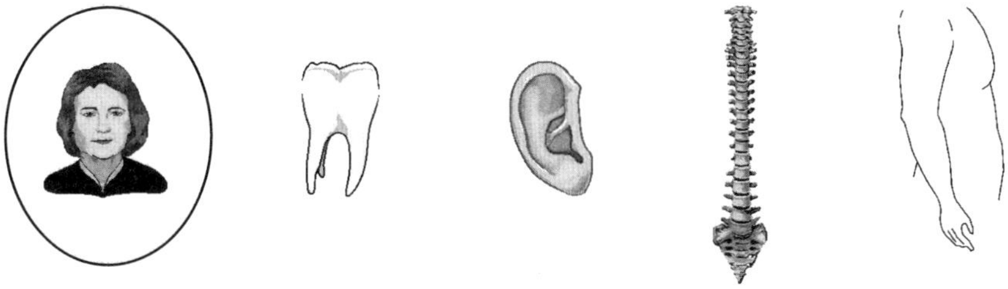

3. 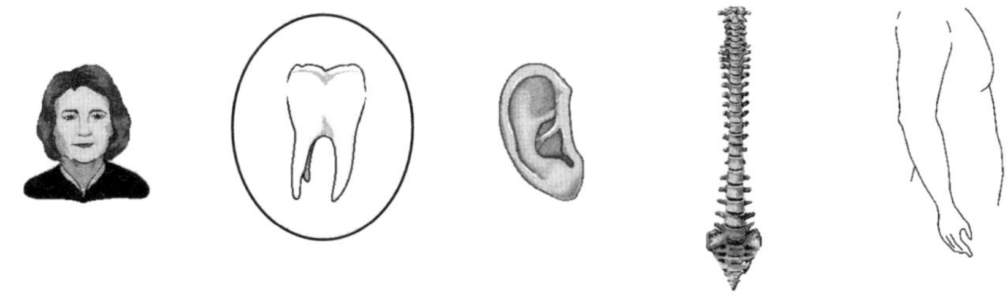

4. 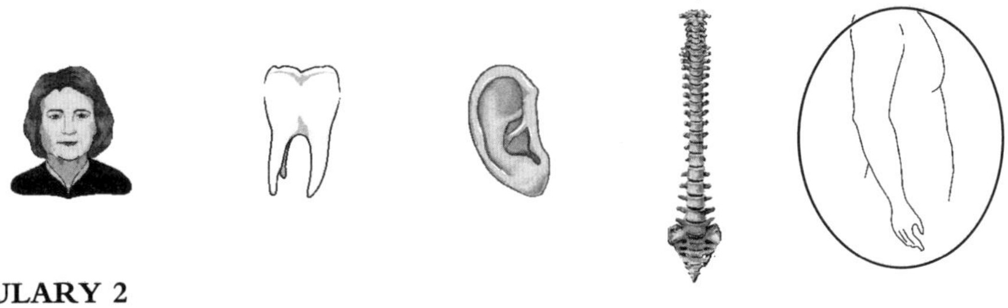

VOCABULARY 2

I have

a headache	← *dor de cabeça*
a cold	← *resfriado*
a cough	← *tosse*
a sore throat	← *dor de garganta*
the flu	← *gripe*
a fever	← *febre*

LISTENING AND SPEAKING

Você circula a solução sugerida:

PROBLEM: backache SOLUTION: 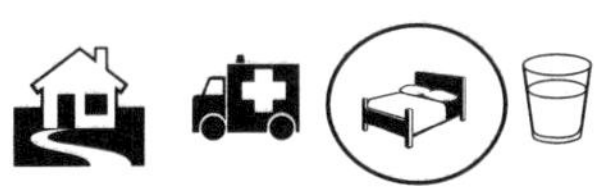

1. SOLUTION: 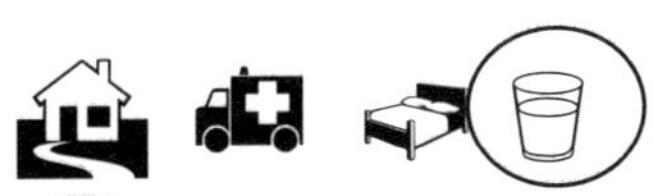
2. SOLUTION: 
3. SOLUTION: 
4. SOLUTION: 

Lesson 39

GRAMMAR

1. Don't worry about it.

2. It Is no big deal.

3. Don't let it get to you.

4. I wouldn't worry about it.

5. If it makes you feel any better...

6. Before you know it...

7. It Could be a lot worse.

8. I'm sure it is nothing.

LISTENING AND SPEAKING

1. a.…deal.
2. b. …get to you.
3. a.…worse.
4. b. …all out.
5. a.…all right.

EXERCISE 1

Well, at least...

it's not raining.

it's finished now.

it was cheap.

you have your health.

Before you know it...
you're going to be a successful executive on Wall Street
you'll be living in your own apartment.
you're going to be thin and looking great.
you'll find the man of your dreams.

If it makes you feel any better...
I've been studying English for ten years and I still have problems
I failed too.
I have to work on Saturday and Sunday.
I've put on 10 kilos since Christmas.

EXERCISE 2

1. "College was so difficult for me!" → Well, at least it's finished now.
2. "I hate living with my parents!" → Before you know it, you'll be living in your own apartment.
3. "Oh no! I have to work on Saturday!' → If it makes you feel any better, I have to work on Saturday and Sunday.
4. "What a terrible vacation! Everything is so expensive!" → Well, at least it's not raining.
5. "I'm forty-seven years old and I'm still not married!" → Before you know it, you'll find the man of your dreams.
6. "I'm so fat!" → Before you know it, you're going to be thin and looking great ou → If it makes you feel any better, I've put on 10 kilos since Christmas.

Lesson 40

ORGANIZE

Price	Size and color	Payment
How much is this?	I don't know my size (here).	Can I have a receipt, please?
Is it on sale?	Do you have my size?	Do you take [American Express]?
What's the price on this with tax?	What size do you think I am?	I'd like to purchase this, please.
	Do you have this in small/medium/large/extra large?	
	Does it / Do they come in any other color?	
	Do you have this in a smaller/larger size?	

GRAMMAR

1. How much is this CD?
2. Do you have those in large?
3. Is that on sale?
4. I'll take this.

EXERCISE

1.	Do you have t-shirts?	Yes, we do. Right here.
2.	How much are they?	Ten dollars each.
3.	Do you have my size?	
	Do you have this in small/medium/large/extra large?	
	Do you have this in a smaller/larger size?	We have all sizes.
4.	Does it come in any other color?	No, sorry. Just white.
5.	When do you close?	We're open until six.
6.	Are you open weekends?	We're closed on Sunday.

LISTENING Singular or plural?

1. ●

2. ●●●

3. ●●●

4. ●●●

5. ●

6. ●

Lesson 41

EXERCISE 1

way – hatch– yours – join them – wait – play – soul – cover – blind – horse – basket – molehill – gain – mind – fonder

EXERCISE 2

1. Don't count your chickens before they hatch. / Don't put all your eggs in one basket.
2. Don't judge a book by its cover.
3. Love is blind.
4. Don't make a mountain out of a molehill.

EXERCISE 3

1-b; 2-a; 3-e; 4-d; 5-c

Lesson 42

EXERCISE

Help me!	Could you help me?
	Can you help me, please?
	Is there any way you could help me?

I want some water!	Can I have some water?
	I would like some water, please.
	Could I have some water?

I'm going to use your telephone!	May I use your telephone ?
	Do you mind if I use your telephone?
	Do you think it would be possible to use your telephone?

VOCABULARY

1-f; 2-e; 3-g; 4-d; 5-b; 6-a; 7-c

ACTIVITY 1

(As respostas a seguir devem servir apenas como um modelo de respostas possíveis.)

1. Is it OK if I	**make**	a phone call?
2. Do you mind if I	**borrow**	a pen?
3. May I	**watch**	TV?
4. Can I	**listen to**	the stereo?
5. Would you mind if I	**check**	my email?
6. Can I	**have**	some water?
7. May I	**use**	the bathroom?

Lesson 43

EXERCISE

Can I...	**see a wine list?**	**I'll have the...**	lasagna
	have some more bread?		number two
	have another fork?		salad
	have a few more minutes?		pasta

Do you have...	kids' meals?	**Does that come with...**	cheese
	any specials?		salad?
	espresso coffee?		french fries?
	a wine list?		rice?

VOCABULARY

Food	Drink	Table items	Food preparation
chicken	water	fork	well
beef	wine	knife	rare
pasta	soda	toothpicks	medium
fish	beer	napkin	fried

Lesson 44

ORGANIZE

Recomendações	Oferecendo
What do you recommend? I recommend the [steak]. You should try the [chicken]. Have you ever had [shark]? Everything's good. Their [steak] is excellent. Their specialty is [seafood].	Please order anything you like. Would you like to try some of my [steak]? Would you like some more [wine]?
Impressões sobre a comida servida	**Perguntando se está tudo bem com o seu acompanhante**
Everything's good. Wow. Yours looks good. I should have ordered that. It looks delicious. Did you enjoy your [soup]? That was great, thanks. That was one of the best [pizzas] I've ever had.	Are you ready to order? How's your (steak)? Do you mind if I smoke? Did you enjoy your [soup]?

EXERCISE

Combine uma pergunta ou comentário à esquerda com uma resposta à direita.

1-c; 2-a; 3-e; 4-b; 5-d

LISTENING Before, during or after?

1. before 2. after 3. after 4. during 5. during 6. after

Lesson 45

LISTENING Who pays?

Quem paga ao final – o homem ou a mulher?

☐ MAN ☒ WOMAN

EXERCISE 1

1-c; 2-a; 3-f; 4-b; 5-d; 6-e

EXERCISE 2

	I'm going to get this.
I want to pay!	Let me get this.
	No, really. Please.
	It's the least I can do.
	I insist.
	This is my treat.
	This one's on me.

	You got the last one
These are the reasons I want to pay	I drank more than you did.
	You're my guest.
	The company pays
	You can get the next one.
	Come on...I feel bad.

Lesson 46

ORGANIZE

Quando não entendeu	Confirmando se entendeu	Confirmando se o ouvinte entendeu
I'm sorry, I don't understand.	OK, so...	You know?
I'm not sure I understand.	In other words...	Do you see what I mean?
What do you mean?	Do you mean...?	You know what I mean?
Oh, sorry. I misunderstood (completely).	Let me see if I understand...	Do you see what I'm saying?
Oh! I thought you said...	Is that right?	
I'm sorry. You lost me.		
I'm sorry. I'm slow today.		
I'm sorry. I'm a little slow.		

EXERCISE

6 palavras

Do	you	see	what	I	mean?

1. 5 palavras

	You	see	what	I	mean?

2. 4 palavras

		See	what	I	mean?

3. 2 palavras

	You	see?			

4. 1 palavra

		See?			

6 palavras

Do	you	know	what	I	mean?

5. 5 palavras

	You	see	what	I	mean?

6. 2 palavras

	You	know?			

6 palavras

Do	you	see	what	I'm	saying?

7. 5 palavras

	you	see	what	I'm	saying?

8. 4 palavras

		See	what	I'm	saying?

6 palavras

Do	you	mean	Thursday?

9. 3 palavras

	You	mean	Thursday?

Lesson 47

VOCABULARY

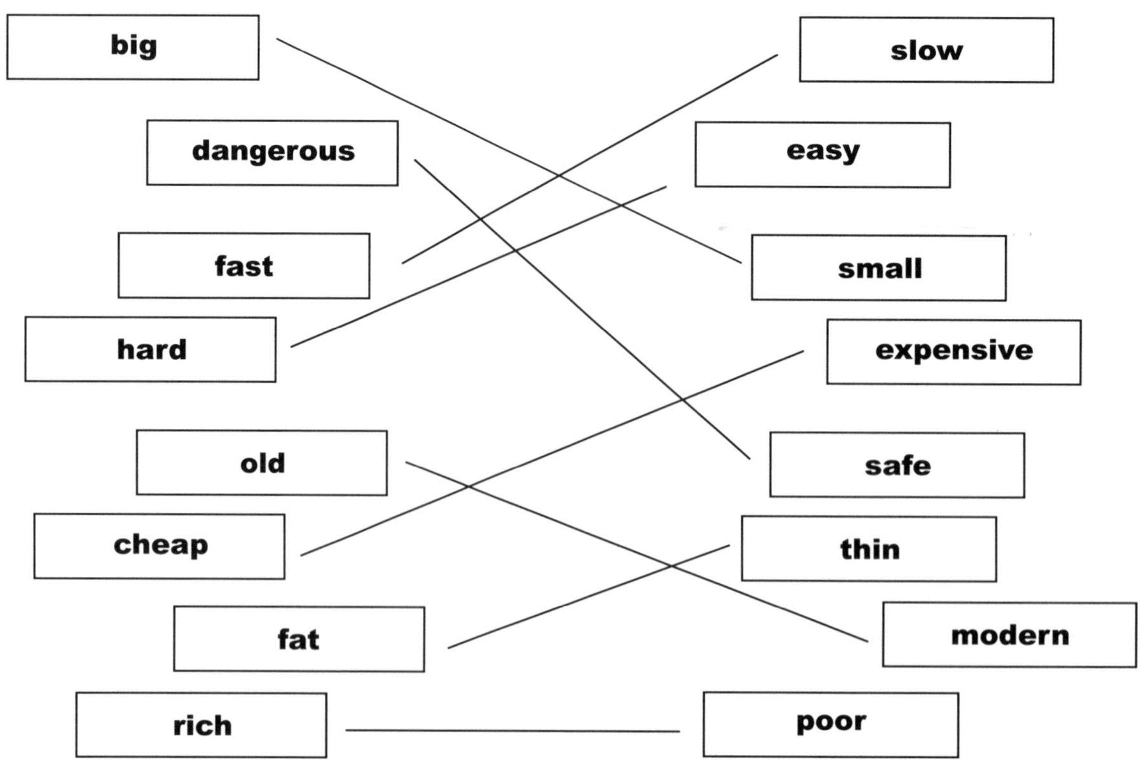

GRAMMAR

1 SYLLABLE (or with –y ending)

big	**bigger**	
small	smaller	
thin	thinner	
cold	colder	
easy	easier	than
old	older	
poor	poorer	
slow	slower	
big	bigger	
young	younger	
fat	fatter	
hard	harder	
friendly	friendlier	
safe	safer	
hot	hotter	
rich	richer	
fast	faster	
cheap	cheaper	

2+ SYLLABLES

interesting	**more interesting**	
cosmopolitan	more cosmopolitan	
dangerous	more dangerous	
urban	more urban	
famous	more famous	than
developed	more developed	
exotic	more exotic	
European	more European	
tropical	more tropical	
boring	more boring	
modern	more modern	
interesting	more interesting	
beautiful	more beautiful	
delicious	more delicious	
intellectual	more intellectual	
diverse	more diverse	
expensive	more expensive	
sophisticated	more sophisticated	

ACTIVITY 1

(As respostas a seguir devem servir apenas como um modelo de respostas possíveis. Como o objetivo do exercício é que o leitor contribua com respostas ou opiniões pessoais, relevantes a ele, não há respostas "corretas".)

McDonald's vs. Bob's
They're more or less the same, but Mc Donald's is more delicious than Bob's.

Spanish vs. Portuguese
They're very similar. I think Spanish is easier than Portuguese.

Rio de Janeiro vs. São Paulo
They're quite different. São Paulo is more cosmopolitan than Rio, and Cariocas are friendlier than Paulistas.

Pepsi vs. Coca-Cola
They're slightly different. Pepsi is a little sweeter than Coca Cola.

Globo vs. SBT
I put them in completely different categories. Globo has more variety, and is generally more interesting.

Gisele Bündchen vs. Luma de Oliveira
Gisele is more beautiful than Luma de Oliveira. Luma is older than Gisele, but I think Luma has a better body.

cats vs. dogs
They're totally different. Dogs are friendlier than cats, and easier to control. Cats are more independent, and less faithful to their owners.

American films vs. Brazilian films
One has nothing to do with the other. American films have bigger budgets and better special effects, but Brazilian films are more sophisticated and intellectual.

Lesson 48

EXERCISE 1

1-d; 2-e; 3-c; 4-a; 5-b

EXERCISE 2

Situation	Solution	
Alexander has a little bit of a cold.	**Maybe you should**	take vitamin C
Alexander has had a backache for one week.	If I were you, I'd	see a doctor.
Alexander has broken his arm.	You'd better	go to the hospital.
Mary has to be at work at nine o'clock. It is now seven o'clock.	Maybe you should	walk to work
Mary has to be at work at nine o'clock. It is now eight o'clock.	If I were you, I'd	take the bus
Mary has to be at work at nine o'clock. It is now 8:45.	You'd better	take a taxi
John is going to study in France next year.	Maybe you should	learn French
John is now in France.	You'd better	learn French
John will arrive in France next month.	If I were you, I'd	learn French

Lesson 49

EXERCISE 1

1.	Does it have a view?	Yes, it has a view of the beach.
2.	What time is check out?	It's at noon.
3.	How do I get an outside line?	Just dial 9.
4.	I need a wake up call at 7:30.	7:30? No problem.
5.	Can I leave my valuables in the safe?	There's a safe in the room.

EXERCISE 2

Does the room have

- a reservation? (circled)
- air conditioning?
- a mini bar?
- cable TV?

I prefer a room with

- a view
- air-conditioning
- non-smoking (circled)
- a double bed

Is there

- a pool?
- parking?
- a view?
- a bed? (circled)

Where is the nearest

- post office
- hotel (circled)
- bus stop
- restaurant

Lesson 50

EXERCISE 1

1. Do I have any messages?	Yes. Your wife called.
2. I'd like to check out, please.	And did you enjoy your stay?
3. Could you send someone for our luggage, please?	How many pieces, sir?
4. I'd like to change rooms, please.	I'm sorry, sir. The hotel is full.
5. I'd like some fresh towels, please.	How many would you like, ma'am?

EXERCISE 2

1. Do I have any ~~water~~? **messages**
2. The sink drain is ~~flushing~~. **clogged**
3. The ~~luggage~~ **toilet** isn't flushing.
4. There's no ~~clogged~~ **hot** water.
5. The ~~room~~ **air-conditioning** isn't working.
6. Could I get someone to ~~keep~~ **fix** it, please?
7. I'd like some fresh ~~air conditioning~~ **towels** in room 22, please.
8. I'd like to change ~~messages~~, **rooms** please.
9. I'd like to keep the ~~toilet~~ **room** an extra day, please.
10. I'd like to ~~send someone~~, **check out** please.
11. Could you put my phone calls on a separate ~~room~~, **bill,** please?
12. This is room 22. Could you ~~check out~~ **send someone** for our luggage, please?

EXERCISE 3

1. I'd like to check out, please.
2. Could you put my phone calls on a separate bill, please?
3. I'd like to keep the room an extra day, please.
4. Could I get someone to fix it, please?
5. I'd like some fresh towels, please.
6. I'd like to change rooms, please.
7. Could you send someone for our luggage, please?

EXERCISE 4

1. There's no hot water.
2. The air conditioning isn't working.
3. The drain is clogged.

EXERCISE 5

1-a; 2-b; 3-a; 4-a; 5-b

Transcrição dos Exercícios Auditivos

LIÇÃO 1. SAUDAÇÕES E APRESENTAÇÕES

Listening – Meeting or saying goodbye?

1.
HOMEM 1: Well, you must be Julia!
MULHER: And you must be Andy!

2.
MULHER: OK, well, it was nice meeting you.
HOMEM 2: Yeah, nice to meet you too.

3.
HOMEM 1: And do you know Tatiana?
HOMEM 2: No. Nice to meet you, Tatiana.
MULHER: Nice to meet you too.

4.
HOMEM 1: How are you?
MULHER: I'm fine, thanks. And you?

5.
HOMEM 2: Yeah, well, I've heard a lot about you, actually.
MULHER: All good, I hope.

LIÇÃO 2. REENCONTRANDO

Listening and speaking

1. MULHER: Wow. Long time no see, huh? How long has it been?
2. HOMEM 1: How time flies! Well, you look great!
3. HOMEM 2: So, what are you doing now? Are you still working at ABC Computers?
4. MULHER: So how's Diana?
5. HOMEM 1: And are you still at the same nunber?

LIÇÃO 3. PERGUNTAS PESSOAIS

Listening and speaking

1. HOMEM 2: So...Where are you from?
2. MULHER: What do you do?
3. HOMEM 1: Are you married?
4. HOMEM 2: Where do you live?
5. MULHER: Do you have children?

Listen and respond.

MULHER: So, tell me: Where are you from?
MULHER: Oh, nice. And what do you do?
MULHER: Interesting. Are you married?
MULHER: Do you have children?
MULHER: Where do you live?
MULHER: Well, I love Brazil. What's your favorite city in Brazil?
MULHER: Mine too!

LIÇÃO 4. A BIOGRAFIA – A MATURIDADE

Listening – Who's talking?

1. MULHER: Well, let's see...What can I tell you about myself? Um, well, I'm 24 years old, um, I'm a teacher – I really like being a teacher. I...I have six brothers and four sisters. I'm the youngest. Um, I'm married – I've been married for five years now and we have a little boy, three years old, and a little baby girl, and she's just eighteen months old. I love them both very, very much.

2. HOMEM 2: Me? Well, I'm thirty-one years old, I'm a mechanical engineer in Buenos Aires – a beautiful city. Not as nice as where I'm from originally, though. I'm originally from London, believe it or not.

3. HOMEM 1: I'm from Canada, originally, but I've lived in California now for many years. Uh, I have no children. I mean, I like kids, but... I don't know. My first wife didn't want to have children and my second wife wanted to but...Well, anyway, uh, as I said, I now live and work in California, where I design for Le Chic Outfitters. I do a lot of jeans and t-shirts, mostly.

LIÇÃO 5. A BIOGRAFIA – OS ANOS FORMATIVOS

LISTENING: John's life.

HOMEM 1: Well, I was born in 1968 in Los Angeles, Califórnia – but that's not where I grew up. I spent most of my childhood in Miami. We...we were pretty well off, really, so I grew up in a relatively wealthy neighborhood there in Miami, in a pretty big house, actually. In 1986, when I was 18 years old, we moved to Chicago, and that's where I eventually went to college. I studied at the University of Chicago. I think I took after my father – I like business. So I graduated in marketing, in 1991. After that I got a job working at...

LIÇÃO 7. PERGUNTAS SOBRE A FAMÍLIA DE ALGUÉM

Listening and Speaking 1

1.
MULHER: Today is my husband Ricardo's birthday.
HOMEM 1: Oh really? How old is he?
MULHER: He's thirty-nine.

2.
HOMEM 2: You know what? Today is Daniela's birthday!
HOMEM 1: Oh really? How old is she?
HOMEM 2: Let's see... She's fifteen, I think.

3.
MULHER: I have to buy a present. It's Christina's birthday today.
HOMEM 1: Oh really? How old is she?
MULHER: She's twenty-two. Can you believe that?

4.
HOMEM 2: Is today the fourth? It's Ashley's birthday today. Oh, and it's Junior's birthday, too.
HOMEM 1: Oh really? How old are they?
HOMEM 2: Ashley's turning 30 and Junior's turning 33.

5.
MULHER: I can't believe today is my little boy's birthday.
HOMEM 1: Oh really? How old is he?
MULHER: He's seven. My little angel!

Listening and Speaking 2
1.
HOMEM 2: What does he do?
MULHER: He's a police officer.

2.
HOMEM 2: What does she do?
HOMEM 1: She's an artist.

3;
HOMEM 2: What do they do?
MULHER: They're scientists.

4.
HOMEM 2: What does she do?
HOMEM 1: She's a photographer.

5.
HOMEM 2: What do they do?
MULHER: Well, he's a cameraman, and she's a pilot.

LIÇÃO 10. FALANDO DA SUA PROFISSÃO

Listen and respond (profissional)
HOMEM 2: So, what do you do?
HOMEM 2: Where do you work?
HOMEM 2: Where is that located?
HOMEM 2: How do you like it?
HOMEM 2: What's the pay like?
HOMEM 2: How long have you been doing that?
HOMEM 2: Is it pretty competitive?
HOMEM 2: What are the hours like?
HOMEM 2: Do you have to travel a lot?

Listen and respond (acadêmico)
MULHER: So, what do you do?
MULHER: Oh yeah? What's your major?
MULHER: What year are you?
MULHER: How long till you graduate?
MULHER:How do you like it?
MULHER: And do you like your professors?
MULHER: It's a lot of work, isn't it?
MULHER: Do you have to study a lot?

LIÇÃO 13. CONCORDANDO E DISCORDANDO

LISTENING – Agree, disagree or neither?

1
MULHER: Brazil is a beautiful country.
HOMEM 2: Oh, I agree completely.

2.
HOMEM 1: American food is all hamburgers and hot dogs.
MULHER: That's not true.

3.
HOMEM 2: Wouldn't you say that Brazilians are more open than Americans?
HOMEM 1: Well, yes and no.

4.
MULHER: The beach is the best place to relax.
HOMEM 2: Oh, absolutely.

5.
HOMEM 1: I don't like sushi.
MULHER: Me neither.

6.
HOMEM 2: I think São Paulo is like New York City. Don't you think so?
HOMEM 1: That's an interesting way of looking at it.

Listen and respond.
MULHER: I think drugs should be legalized
HOMEM 2: Brazil is the country of the future.
HOMEM 1: In my opinion, it is important for a parent to be a friend.
MULHER: Wouldn't you say that women are better drivers than men?
HOMEM 2: It's obvious that Brazil needs a better police force.
HOMEM 1: One day everyone in the world will speak English.
MULHER: In my opinion, technology has caused people to lose contact with each other.
HOMEM 2: I think the people in the north and northeast of Brazil are friendlier than the people in the south and southeast.
MULHER: Lula was the best president in the history of Brazil. Don't you think so?
HOMEM 1: The best Brazil World Cup team was the one from 1964.

LIÇÃO 15. ARTE E ENTRETENIMENTO – CINEMA

Listening and Speaking.

1.
MULHER: Have you ever seen Casablanca?
HOMEM 2: Yes, I have.
MULHER: Did you like it?
HOMEM 2: I really enjoyed it. It's a classic.

2.
MULHER: Have you ever seen Matrix?
HOMEM 1: No. But I heard it was pretty good.

3.
MULHER: Have you ever seen Titanic?
HOMEM 2: Yes, I saw it last weekend.
MULHER: Did you like it?
HOMEM 2: Not really, to be honest.

4.
MULHER: Have you ever seen Gladiator?
HOMEM 1: Yes. I've seen it a few times, actually.
MULHER: Did you like it?
HOMEM 1: I think it's worth seeing.

5.
MULHER: Have you ever seen City of God?
HOMEM 2: Yeah, I saw it with Fernanda.
MULHER: Did you like it?
HOMEM 2: I was a little disappointed, actually.

LIÇÃO 16. ARTE E ENTRETENIMENTO – MÚSICA

Listening – Which artist?

1.
HOMEM 2: I've heard of her.

2.
MULHER: They're good to dance to.

3.
HOMEM 1: I can't stand her.

4.
HOMEM 2: I went to his concert last year.

LIÇÃO 17. ARTE E ENTRETENIMENTO – LIVROS

LISTENING – Did they like it?

1.
CRISTOPHER: Have you ever read "To Kill a Mockingbird?"
HOMEM 1: Are you kidding? It's one of my all time favorite books!

2.
MULHER: Have you read that new Grisham novel?
HOMEM 2: Yeah.
MULHER: What did you think?
HOMEM 2: I found it a little slow, to be honest.

3.
HOMEM 1: Did you like "Moby Dick?"
MULHER: I found it hard to read.

4.
HOMEM 2: Have you ever read "Catcher in the Rye?"
HOMEM 1: Yeah. I couldn't put it down.

5.
MULHER: I read that book about ten years ago.
HOMEM 2: Did you like it?
MULHER: He's really nice to read, actually.

LIÇÃO 20. CONTANDO HISTÓRIAS

Listening – A funny story.

HOMEM 1: So, just the other day, right? I was in my car on my way to work, you know, and, and I had just washed my car, and suddenly I noticed that, that there was this awful smell – and so I looked and there was this rat in my car! Can you believe that? And so I killed it, of course, and I went back to the car wash where I'd just washed the car and the guy there, this guy says "Is there a problem?" Right? So I said "Uh, yeah there's a problem! There's a rat in my car! Hello!" OK. So just then my cell phone rings, right, and it was my son, Danny, and he says "Dad, have you seen my hamster?" .... And then it hit me: the rat was actually Danny's cute little pet. And...and to make matters worse, it was Danny's birthday! I felt terrible. So in the end I went out and bought him a new hamster.

LIÇÃO 22. CHEGANDO AO ASSUNTO

Listening and speaking.

MULHER: Although we would really like to buy new computers we cannot. We need to buy at least three new computers – new state-of-the-art computers. We also need scanners and new software. But we cannot. Why? Well.....

HOMEM 1: We're doing OK this year. Now we can relax a little. But our company suffered last year. Last September and December our sales went down. They were off by 40% in some cases. Yes, we had a difficult year last year. And this year we do have some problems. We need better marketing. We need better equipment. We need better financial planning. Yes, we've had our problems, but...

HOMEM 2: We have a problem. What is this problem? The problem is ignorance. Ignorance of what? Ignorance of rules, ignorance of procedure, ignorance of regulation. Our biggest problem, in summary, is disorganization. We need to get ourselves organized. So, yes, we have this problem. But...

MULHER: Our country, after four years, is in terrible condition. The economy is in pieces. Employment is inexistent. Inflation is flying sky-high. And education and health care have been completely ignored....

LIÇÃO 23. MOSTRANDO QUE ESTÁ OUVINDO

Listening and speaking.

1. MULHER: You know, I really want to travel to Brazil....
2. MULHER: Because, you know, Brazil has lots of nice beaches, and nice weather....
3. MULHER: And I want to learn Portuguese, because, well, my grandmother was Portuguese...
4. MULHER: And my grandfather, believe it or not, was a teacher of Brazilian culture at the university...
5. MULHER: So, I think I might go next week...
6. MULHER: That way I can get there for Carnival time.

Agora escute a conversa por inteiro para conferir suas escolhas.

MULHER: You know, I really want to travel to Brazil....
HOMEM 1: Oh really?
MULHER: Because, you know, Brazil has lots of nice beaches, and nice weather....
HOMEM 1: Right.
MULHER: And I want to learn Portuguese, because, well, my grandmother was Portuguese...
HOMEM 1: I see.
MULHER: And my grandfather, believe it or not, was a teacher of Brazilian culture at the university...
HOMEM 1: Interesting.
MULHER: So, I think I might go next week...
HOMEM 1: Really?
MULHER: That way I can get there for Carnival time.
HOMEM 1: Great.

Listening – What are they talking about?

Conversation One.
HOMEM 1: Mm-hmm. Mm-hmm. ....Oh yeah? ......Oh really? .....Are you serious? ...Well, great!

Conversation Two.
HOMEM 1: Mm-hmm. ....interesting....interesting....I see...Mm-hm....Nice......Yeah...Sure.... Really? .....OK....
Conversation Three.

HOMEM 1: Mm-hmm....Mm-mmm......Sure....Sure....OK.....Yeah.....OK......Yeah......Hmm......I see.....Sure sure....OK....OK....

LIÇÃO 24. TERMINANDO UMA CONVERSA

Listening – Want to end?

1.
MULHER: Yeah, so, after that I didn't know what to do, you know?
HOMEM 1: Yeah, yeah. Huh. I can imagine.
MULHER: So, anyway, then...
HOMEM 1: Hey, listen. I have to go. Um, maybe we can get together sometime...

2.
HOMEM 2: I don't know, I think the best science fiction movie of all time was Star Wars.
MULHER: Yeah, well, I mean, I'd have to agree. Listen, have you ever seen a movie called "Hyperspace?"
HOMEM 2: No, haven't. Is it good?
MULHER: Well, it's interesting...

3
HOMEM 1: ...but we do mostly kitchens and bathrooms, that kind of thing.
MULHER: Great. Listen, do you have a card?
HOMEM 1: Um, yeah, as a matter of fact I do...

4.
HOMEM 2: Well, it was really nice talking to you. Sorry, what was your name again?
HOMEM 1: Bill.
HOMEM 2: Bill. Well, Bill. Give me a call sometime...

5.
MULHER: What's your name?
HOMEM 1: Bill.
MULHER: Hi, it's nice to meet you.
HOMEM 1: Nice to meet you too.
MULHER: So, are you enjoying the party?

LIÇÃO 25. NOVIDADES

Listening – Good or bad news?

1. MULHER: I hate to tell you this, but they didn't have it.
2. HOMEM 1: Oh no!
3. HOMEM 2: I'm sorry to hear that.
4. HOMEM 1: Congratulations!
5. MULHER: Hey – Guess what?

LIÇÃO 26. SURPRESA E O PREVISÍVEL

Listening – Surprise or no surprise?

1.
MULHER: We have to work tomorrow.
HOMEM 1: Typical.

2.
HOMEM 2: We don't have to work tomorrow.
MULHER: You're joking!
3.

HOMEM 1: Forget the picnic. It's going to rain.
HOMEM 2: Figures.

4.
MULHER: Bill didn't take the money. It was Susan.
HOMEM 1: I thought so.

5.
HOMEM 2: I bought a new Mercedes.
MULHER: Are you serious?

6.
HOMEM 1: Tomorrow is Erik's birthday.
HOMEM 2: Are you sure?

LIÇÃO 27. SENDO VAGO 2 – TEMPO

Listening – Past or future?

1. MULHER: The other day I went to the gym...
2. HOMEM 2: The package should arrive any day now.
3. HOMEM 1: Some day I'm going to be a big star…
4. MULHER: It's been a long time since I had a good steak.
5. HOMEM 2: One of these days we won't have enough water.
6. HOMEM 1: I recently saw your friend Angela.

LIÇÃO 29. COMBINANDO UM LUGAR

Listening and speaking.

1. MULHER: So, where do we meet?
2. HOMEM 2: What time can I pick you up?
3. HOMEM 1: How about this: I'll meet you at your hotel.
4. MULHER: Would you like to meet me at my office?
5. HOMEM 2: Six o'clock would be better, actually.

LIÇÃO 30. EXPLICANDO O CAMINHO

Listening – Directions

1. MULHER: OK, so you're gonna want to take the third street to the end – to Capistrano. On Capistrano, you're just going to keep going, keep going straight down Capistrano, you're going to pass a movie theater on your right, and you're going to stay to your right because you have to turn right on Park Avenue, and you take Park Avenue to the end of the street and it will be right on the corner of Park and San Francisco.

2. HOMEM 1: So, you take Elm Street towards San Francisco Avenue, you turn left on San Francisco and keep going straight until you get to Sunset Boulevard, and then on Sunset you go left and just keep going until you get to Capistrano, and it will be on the corner of Sunset and Capistrano. You can't miss it.

3. HOMEM 2: OK, well, you have to go down Elm Street and turn right at Capistrano. OK, then you keep going down Capistrano until you get to Rodeo Drive. Now, Rodeo eventually turns into Sunset Boulevard, and you're going to take Sunset all the way to Valencia. On Valencia you turn right and it will be near the corner there.

LIÇÃO 31. RECEBENDO PESSOAS EM SUA CASA

Listening and speaking

1.
MULHER: Did you have any trouble finding it?
HOMEM 2: No, not at all. It was easy.

2.
MULHER: Are you hungry?
HOMEM 2: I'm fine, thanks.

3.
MULHER: Can I get you anything to drink?
HOMEM 2: No, thanks.

4.
MULHER: Are you sure?
HOMEM 2: OK, well, what do you have?

5.
MULHER: OK, we have beer, wine, whisky, water....
HOMEM 2: 1, water's fine, thanks.

LIÇÃO 32. PRESENTES

Listening – Giver or receiver?

1. MULHER: I think you'll like it.
2. MULHER Can I open it?
3. MULHER That's so nice of you.
4. MULHER I got you a little something.
5. MULHER You shouldn't have.
6. MULHER Don't be silly.

LIÇÃO 35. CHAMADAS TELEFÔNICAS – RECEBENDO

Listening and speaking.

1. HOMEM 1: ...So, we can get together next week, and then we can re-schedule the meeting for next Month.

2. HOMEM 2: [COM MUITA INTERFERÊNCIA] So, yeah, I mean, hello? Hello? Are you there? Yeah, I 'm here. So, the thing is....hello?

3. ALEXA: Yeah, that's what I think too. [OUTRO TELEFONE TOCANDO NO FUNDO], Um...sorry? No, that's OK. Yeah, so....[TELEFONE TOCA DE NOVO]... Um......

4. HOMEM 1: [TOTALMENTE ABAFADO] I think that you should reconsider the interest rate you 're getting on that loan, especially since the Fed has indicated that as of next September....

Listening – Beginning or ending?
1. MULHER: Oh, hi Pedro.
2. HOMEM 2: I'm glad you called.
3. HOMEM 1: It was nice talking to you.
4. MULHER: Say hi to the family
5. HOMEM 2: OK, then...
6. HOMEM 1: All right. Take care.

LIÇÃO 38. DOENÇA

Listening and speaking.

1.

HOMEM 1: Are you OK? You don't look very well.
HOMEM 2: I'm OK. I just have a backache.
HOMEM 1: Oh, I hate that. Is there anything I can do?
HOMEM 2: No. Thank you, though.
HOMEM 1: Well, I hope you feel better.
HOMEM 2: Thanks.

2.

HOMEM 1: Are you OK? You don't look very well.
MULHER: I have a terrible headache.
HOMEM 1: Oh, I hate that. Is there anything I can do?
MULHER: No, I don't think so. But thanks anyway.
HOMEM 1: Well, I hope you feel better.
MULHER: Thanks. I appreciate that.

3.

HOMEM 1: Are you OK? You don't look very well.
HOMEM 2: I have a toothache. It really hurts.
HOMEM 1: Oh, I hate that. Is there anything I can do?
HOMEM 2: Not really. But thanks.
HOMEM 1: Well, I hope you feel better.
HOMEM 2: Thanks. So do I.

4.

HOMEM 1: Are you OK? You don't look very well.
MULHER: I have a little bit of a stomachache. I think it was that cheeseburger.
HOMEM 1: Oh, I hate that. Is there anything I can do?
MULHER: No thanks. It'll probably go away by itself.
HOMEM 1: Well, I hope you feel better.
MULHER: Thanks.

LIÇÃO 39. TRANQUILIZANDO

Listening and speaking.

1. MULHER: Hey, it's no big...
2. HOMEM 2: Don't let it...
3. HOMEM 1: Listen, it could be a lot...
4. MULHER: Don't worry. We're going to straighten this...
5. HOMEM 2: Everything's going to be...

LIÇÃO 40. COMPRAS

Listening – Singular or plural?

1.

HOMEM 2: This is nice. Can I try it on?
MULHER: Sure.

2.

HOMEM 1: Let's see...'ll take these.
HOMEM 2: OK, will that be cash?

3.

MULHER: I like 'em. But do they come in any other color?
HOMEM 1: Um, no, just black. Sorry.

4.
HOMEM 2: Oh, nice. Are they on sale?
MULHER: Mm-hmm, 25 percent off.
HOMEM 2: Great.

5.
HOMEM 1: Does it come with a warrantee?
MULHER: Yes, it does. One year full warrantee.

6.
HOMEM 2: Excuse me, do you have this in extra large?
HOMEM 1: Mm, let me see what we have in the back.
HOMEM 2: Thanks.

LIÇÃO 42. SOLICITAÇÕES

Listen and respond.

HOMEM 1: So, anyway, I come from a pretty big family. We grew up in a relatively poor neighborhood, you know. My father, he was a mechanic and my mother was a telephone operator. So, I mean, we didn't have a lot of money. Say, do you mind if I smoke?

HOMEM 1: Thanks. So, as I was saying, I wasn't actually born in New York. I was born in Chicago, as I said, in a relatively poor neighborhood. But then we moved to New York when I was seven, and, well, the rest is history. You see, my father left my mother when we were just kids. I was only twelve. Um...may I sit down?

HOMEM 1: Thanks. I was only twelve and, you know, we had to grow up kind of fast, you know what I mean, my friend? Is it OK if I call you that? "My friend?"

HOMEM 1: Good. Yeah, so, that's the way it was for us, you know. But, I guess that's just the way it goes, right? I don't know...I don't know.... .... Wow! Is that the time? It's late! I've gotta get home. I think I'll call a taxi. Can I borrow your cell phone?

HOMEM 1: Thanks. Unless...Um....now, I don't want to put you to any trouble or anything, but is there any way you could give me a ride?

HOMEM 1: Don't worry if you can't, honestly.

HOMEM 1: Are you sure it's no trouble?

HOMEM 1: Wow. Thanks again. I owe you one.

LIÇÃO 44. COMENDO E BEBENDO 2 – CONVERSAÇÃO

Listening – Before, during or after?

1.
MULHER: You should try the chicken.
HOMEM 1: That sounds good.

2.
HOMEM 2: Shall I ask for the check?
MULHER: Yes, thanks.

3.
HOMEM 1: Did you enjoy your feijoada?
HOMEM 2: Delicious.

4
MULHER: Can I try some of yours?
HOMEM 1: Sure.

5.
HOMEM 2: How's your salad? It looks delicious.
MULHER: Very good, thanks. How's yours?

6.
HOMEM 1: That was one of the best steaks I've ever had.
HOMEM 2: Well, I'm glad you liked it.

LIÇÃO 45. COMENDO E BEBENDO 3 – DISCUTINDO A CONTA

Listening – Who pays?

GARÇOM: And here's your check. Thank you very much and have a good evening.
HOMEM 1: OK, let me get this.
MULHER: Oh no...uh-uh! I'm going to get this!
HOMEM 1: No, no. You got the last one. This one's on me.
MULHER: No, I ate more than you did. You only had the salad.
HOMEM 1: Yeah, but I drank more wine than you did. You only had water, really.
MULHER: No, you can get the next one. Come on.
HOMEM 1: No, this is my treat.
MULHER: Come on...I feel bad. Let me get this one. It's the least I can do.
HOMEM 1: No...no.
MULHER: Let's split it, at least.
HOMEM 1: No, no. I insist.
MULHER: But the company pays.
HOMEM 1: (pregnant pause) Well, OK, but you have to let me pay next time.

CONHEÇA OUTROS LIVROS DA ALTA BOOKS!

Todas as imagens são meramente ilustrativas.